Heike Heider

Globales Lernen

Heike Heider

Globales Lernen

Genese und ein Konzept für die christliche Jugendarbeit

Fromm Verlag

Impressum / Imprint

Bibliografische Information der Deutschen Nationalbibliothek: Die Deutsche Nationalbibliothek verzeichnet diese Publikation in der Deutschen Nationalbibliografie; detaillierte bibliografische Daten sind im Internet über http://dnb.d-nb.de abrufbar.

Bibliographic information published by the Deutsche Nationalbibliothek: The Deutsche Nationalbibliothek lists this publication in the Deutsche Nationalbibliografie; detailed bibliographic data are available in the Internet at http://dnb.d-nb.de.

Coverbild / Cover image: www.ingimage.com

Verlag / Publisher:
Fromm Verlag
ist ein Imprint der / is a trademark of
OmniScriptum GmbH & Co. KG
Heinrich-Böcking-Str. 6-8, 66121 Saarbrücken, Deutschland / Germany
Email: info@frommverlag.de

Herstellung: siehe letzte Seite /
Printed at: see last page
ISBN: 978-3-8416-0611-2

Inhaltsverzeichnis

Einleitung......3
Teil 1: Genese......5

1. **Die Akteure**......5
1.1. Die Kirchen......5
1.2. Die Weltläden......12
1.3. Die UN-Konferenzen......16
1.4. Die globalisierungskritische Bewegung......20

2. Didaktik der entwicklungspolitischen Bildung......23
2.1. Informationsorientierte Didaktik......24
2.2. Curriculare und ideologiekritische Ansätze......26
2.3. Teilnehmerorientierte Nahtstellendidaktik......28
2.4. Interkulturelle Didaktik......29
2.5. Globales Lernen......32

Teil 2: Ein Konzept für Globales Lernen in der Jugendarbeit..38

1. Die Bibel neu entdecken......38
2. Das Ziel des Globalen Lernens......41
3. Die pädagogische Haltung......45
3.1. Der Dialog......47
3.2. Die Lernberatung......51

4. Die beiden Reisen des Globalen Lernens....................................52
4.1. Verbunden mit den fernen Mitmenschen...53
4.2. Gott und sich selbst lieben..........................54
4.3. Die Schöpfung wertschätzen........................55
4.4. Hoffnung und Begeisterung.........................57
4.5. Zur Freiheit berufen......................................58
4.6. Bekehrung im Globalen Dorf........................62
4.7. Gesellschaftstransformation........................63
5. Die Schritte eines Projektes zum Globalen Lernen..................65
6. Internetadressen mit Projektideen zum Globalen Lernen........68

Literaturverzeichnis...69

Einleitung

Die weltweite extreme Armut ist eine der wichtigsten Herausforderungen an uns ChristInnen heutzutage. Wer fragt, was die Bibel zu diesem Thema sagt, der entdeckt, dass Armut und soziale Gerechtigkeit eines der zentralen Themen der Bibel sind. Um nicht vor der Größe der Aufgabe zu resignieren, brauchen wir die dynamische Kraft der Hoffnung. Jim Wallis schreibt: „Aus biblischer Sicht ist Hoffnung nicht nur ein Gefühl, eine Stimmung oder rhetorischer Schnörkel. Hoffnung ist vielmehr die eigentliche Dynamik der Geschichte. Hoffnung ist die Energie der Transformation. Hoffnung ist die Tür, die von einer Wirklichkeit in die andere führt“ (Wallis: 1994: 311).

Jugendliche heutzutage finden sich in einer globalisierten Welt vor. Sie werden über die Medien mit Bildern der Armut konfrontiert. Die Aufgabe der christlichen Jugendarbeit ist es, ihnen biblische Orientierung zu geben und einen Weg zu eröffnen, wie sie angesichts dieser Herausforderung ihr Christsein verwirklichen können. Aber wie kann man diesen Auftrag an Jugendliche vermitteln? Welche Ziele, Inhalte und Methoden haben sich in der Bildungsarbeit bewährt?

Dazu lohnt sich ein Blick in die Geschichte der Akteure der entwicklungspolitischen Bildungsarbeit. Es wird deutlich, dass seit den 1960er Jahren eine beeindruckende Entwicklung der Aktionsformen und der Bildungsarbeit zu beobachten ist. Von Anfang an waren die Kirchen wichtige Träger der entwicklungspolitischen Bildungsarbeit. Die aus den kirchlichen Jugendverbänden und aus der Dritte-Welt-Bewegung erwachsenen Weltläden waren wichtige Träger der entwicklungspolitischen Bildung. Die UN-Konferenzen stellten mit dem Leitbild der Nachhaltigen Entwicklung ein neues Bildungsziel für die ganze Weltgesellschaft auf. Heute wird das Globale Lernen nach und nach in den Lehrplänen der Schulen verankert. Große Beachtung in der Öffentlichkeit hat auch die globalisierungskritische

Bewegung gefunden, die sich gegen die neoliberale Politik richtet. Alle diese Akteure suchten nach passenden Herangehensweisen in der Vermittlung ihrer Anliegen. Die Suchbewegungen in der Bildungsarbeit seit den 1960er Jahren und deren ständige Weiterentwicklungen bis heute sind spannend zu verfolgen und sehr lehrreich.

Aus der Reflexion der Geschichte, aus der kritischen Prüfung der bestehenden Konzepte und aus eigenen Erfahrungen entstand ein Konzept für Globales Lernen in der Jugendarbeit. Das Ziel ist es, eine Verbindung zu den fernen Mitmenschen und zur Schöpfung wachsen zu lassen, die von tätiger Nächstenliebe geprägt ist und zu einem verantwortlichen Lebensstil führt.

Eine wesentliche Voraussetzung für das Gelingen des Globalen Lernens mit Jugendlichen ist die pädagogische Haltung der JugendreferentInnen. Statt des viel gescholtenen moralischen Zeigefinger kommt es auf den Dialog in Augenhöhe an.

Die Jugendlichen werden dann auf eine Reise nach innen und nach außen geführt, die den Raum öffnet zur Verwandlung des Herzens und des Denkens. Es beginnt mit der Einladung zur liebenden Aufmerksamkeit für die fernen Mitmenschen, für sich selbst und die Schöpfung. Hoffnung und Begeisterung geben die Energie für Veränderungen an sich selbst, in der Gemeinde und in der Gesellschaft. Die Reflexion über die Botschaften unserer westlichen Industriegesellschaften eröffnet den Weg zu persönlicher Transformation. Daraus erwächst die Freiheit von den Zwängen der Konsum- und Leistungsgesellschaft. Die Bekehrung im Globalen Dorf geschieht aus Liebe und im Ergreifen der Freiheit. Dabei wird das Unrechtsbewusstsein nicht verdrängt, sondern führt zum Schuldbekenntnis und zur Zusage der Vergebung. Schließlich führt das Globale Lernen zum Engagement für die Transformation der wirtschaftlichen und politischen Strukturen. Am Schluss des Konzeptes werden die exemplarischen Schritte eines Projektes zum Globalen Lernen beschrieben.

Teil 1: Genese

1. Die Akteure

1.1. Die Kirchen

Dass Christen sich für die Armen und Unterdrückten einsetzen, zieht sich durch die gesamte Kirchengeschichte. Die Anfänge der entwicklungspolitischen Bildungsarbeit, die sich auf die globale Armut und Ungerechtigkeit richtet, liegen in den 1960er Jahren. Die Evangelische Kirche Deutschlands (EKD) hat eine Schlüsselrolle bei der Entfaltung der entwicklungspolitischen Bildung in der BRD gespielt (vgl. Scheunpflug/Seitz 1995c: 51). Sie ist dazu von der ökumenischen Bewegung inspiriert worden.

Mit dem Begriff Ökumene ist einerseits die Zusammengehörigkeit der verschiedenen christlichen Konfessionen gemeint, aber Ökumene bezieht sich außerdem auf „die ganze bewohnte Erde“ als Verantwortungsbereich christlichen Lebensstils (vgl. Böhm: 2001:17,18). Das ökumenische Lernen bezieht sich auf das Lernen für weltweite Nächstenliebe, Bewahrung der Schöpfung und einen verantwortlichen Lebensstil. Diese zweite Bedeutung der Ökumene umfasst die Schnittmenge des ökumenischen Lernens mit der entwicklungspolitischen Bildung.

Seit der Gründung des Ökumenischen Rates der Kirchen (ÖRK) im Jahr 1948 ist das ökumenische Lernen konstitutiv für den ÖRK. Durch ihn stehen die Kirchen weltweit im Prozess des gegenseitigen Austausches und der Entwicklung gemeinsamer Ziele. Entscheidenden Einfluss im ÖRK übten seit den 1960er Jahren die KirchenvertreterInnen der Dritten Welt aus, die ihre Lebensbedingungen schilderten.

Die Impulse aus dem ÖRK mündeten in Deutschland unter anderem in der Gründung der Hilfsorganisation „Brot für die Welt“. Das ökumenische Lernen in den evangelischen Kirchen und den Freikirchen in Deutschland erhielt von „Brot für die Welt“ entscheidende Impulse: Einzelne und Gemeinden wurden mit der Advents- und Weihnachtsaktion in die Mitverantwortung für die Hungernden der Welt gerufen und zum Umdenken in der eigenen Wohlstandsgesellschaft angeregt werden. Das war ein Zeichen der Versöhnung und Umkehr vor dem Hintergrund der Kolonialgeschichte (vgl. Füllkrug-Weitzel 2005: 600f). Die diskriminierenden Weltwirtschaftsstrukturen und politischen Abhängigkeiten im Kontext des Ost-West-Konfliktes wurden als Ursachen für fehlende Entwicklung erkannt. Ziel von „Brot für die Welt" war und ist es, den Armen Gerechtigkeit zu schaffen. (vgl. Füllkrug-Weitzel 2005: 602f).

In der katholischen Kirche war es die Katholische Jugend, die 1958 eine Fastenaktion unter dem Motto: „Wir fasten für die hungernden Völker der Welt" durchführte. Vom Bund der Deutschen Katholischen Jugend (BDKJ) dazu aufgefordert, rief die Vollversammlung des Zentralkomitees der deutschen Katholiken 1959 zu einer Fastenaktion aller deutschen Katholiken auf. Aus dieser Fastenaktion unter dem Motto „Feldzug gegen den Hunger in der Welt" ging 1959 das Bischöfliche Hilfswerk Misereor hervor (Scheunpflug/Seitz 1995c: 211).

Der kirchliche Auftrag für globale Bildung wurde 1968 vom gemeinsamen Ausschuss für Gesellschaft, Entwicklung, Frieden des Ökumenischen Rates der Kirchen und der Römisch–Katholischen Kirche in einem Dokument ausgedrückt (vgl. Scheunpflug/Seitz 1995c: 53). Darin hieß es: „Den Christen kommt als Angehörigen einer nationale Grenzen überschreitenden Gemeinschaft die besondere Aufgabe der Erziehung zur Entwicklungsverantwortung zu. Sie haben dazu beigetragen, dass sich die öffentliche Meinung der planetarischen Gemeinschaft besser bewusst wird und sich für politische Entscheidungen öffnet, die einer solchen globalen Verantwortung entsprechen" (zit. n. Stöhr 1978: 76).

Der Modus des ökumenischen Lernens war zunächst die persönliche Begegnung. Der ÖRK richtete eine Jugendabteilung ein, die viele internationale Jugendbegegnungen organisierte. Die Jugendlichen sollten konfrontiert werden mit den Lebensbedingungen in der ganzen Welt und deren schockierenden und frustrierenden Begleitumständen (vgl. Dauber 1981: 73). Damit wurde jedoch nur eine kleine Anzahl Jugendlicher erreicht. Erst als die Genfer Zentrale des ÖRK 1967 eine eigene Bildungsabteilung einrichtete, deren erster Vorsitzender Ernst Lange war (vgl. Böhm: 2001: 21), entwickelte sich das ökumenische Lernen zu einer Bildung, die alle ChristInnen erreichen sollte. Ernst Lange hat gefordert, dass das öffentliche Bewusstsein der Kirchen einen qualitativen Sprung machen müsse, um sich „in den größeren Haushalt der bewohnten Erde einzuleben“ (vgl. Dauber 1981: 73). Bisher lebten ChristInnen mit einem Gewissen, das sich nur auf ihren eigenen Kirchenkreis bezog. Sie müssten aber lernen, dass die Welt universal ist und ihr Gewissen auf die ganze Welt ausdehnen. (vgl. Lange 1980: 159) Um diesem Bildungsauftrag zu entsprechen, wurden jährliche Aktions- und Informationsmaterialien erarbeitet und breit gestreut (Scheunpflug/Seitz 1995c: 54).

Ein weiterer Impuls für die entwicklungspolitische Bildungsarbeit in den Kirchen ging 1983 von der 6. Vollversammlung des ÖRK in Vancouver aus. Auf Anregung der ChristInnen aus der DDR wurde der „Konziliare Prozess für Gerechtigkeit, Frieden und Bewahrung der Schöpfung“ ausgerufen. Die Kirchen sollten sich gegen die weltweiten Ungerechtigkeitsstrukturen engagieren, die mit der Rüstungsproblematik, dem Rassismus, den Menschenrechtsverletzungen und der weltweiten Umweltzerstörung einhergehen. „Global denken – lokal handeln“ lautete die Devise (vgl. Füllkrug-Weitzel 2005: 604-607). Die Vollversammlung des ÖRK richtete sich mit folgender Empfehlung an die Kirchen: „Wir fordern die Kirchen dringend auf, die ökumenische Dimension des Lernens ernst zu nehmen und sie in alle pädagogischen Aktivitäten und Programme einzubeziehen. Insbesondere drängen wir auf eine Überprüfung der Lehrpläne der Schulen und Seminare sowie der Aktivitäten in den Gemeinden, um für ökumenische Perspektiven zu sorgen“ (Böhm 2001: 19 zit. nach: Becker, 1987: 248). Die Evangelische

Kirche in Deutschland hat die Impulse des ÖRK aufgenommen und auch strukturell verwirklicht, z.B. durch Pfarrerstellen für Ökumene, Mission und Weltverantwortung und durch die Schaffung von Ökumenischen Werkstätten, die für die Bildungsarbeit verantwortlich sind.

Eine nächste Etappe im kirchlichen entwicklungspädagogischen Engagement begann mit der Schuldenkrise der Entwicklungsländer in den 1980er Jahren. Die kirchliche Bildungsarbeit wurde nun erstmalig mit einer weltweiten politischen Kampagne verbunden. Mit der „Erlassjahrkampagne“ haben sich Kirchen, Weltläden und entwicklungspolitische Organisationen weltweit für den Erlass der Schulden der Entwicklungsländer eingesetzt. Durch die gezielte politische Bewusstseinsbildung sind viele Menschen zu der Überzeugung gelangt, dass die Ursachen für die Armut in den Entwicklungsländern auch in der Wirtschafts- und Finanzpolitik der Industriestaaten liegen (vgl. Wieczorek-Zeul 2007: 231). Damit gewann die politische Dimension ökumenischen Lernens an Bedeutung.

Auf der 23. Generalversammlung des Reformierten Weltbundes (RWB) im Jahr 1997 forderten die Afrikanischen Reformierten Kirchen eine bekennende Bewegung der Kirchen des Südens und anderer, die solidarisch mit ihnen zusammenarbeiteten. Damit sollte die globale wirtschaftliche Ungerechtigkeit und Naturzerstörung in die gleiche Kategorie wie der Nationalsozialismus in Deutschland und die Apartheid in Südafrika gestellt werden. Der Widerstand gegen die neoliberale Globalisierung würde damit zu einem Bestandteil des christlichen Bekenntnisses. Der RWB beschloss daraufhin einen Prozess des Erkennens, des Bekennens und der Aktion im Kontext der neoliberalen Globalisierung (processus confessionis). Die Vollversammlung des Ökumenischen Rates in Harare (Simbabwe) von 1998 hat die Mitgliedskirchen aufgerufen, diesem processus confessionis beizutreten (Duchrow 2002: 246f). Bei der nächsten Vollversammlung in Porto Allegre (Brasilien) im Jahr 2006 verabschiedete die Vollversammlung den AGAPE-Aufruf. Darin werden die ChristInnen aufgefordert, sich gegen die neoliberale

Globalisierung zu engagieren (ÖRK 2008). Die Vollversammlung des Ökumenischen Rats der Kirchen (ÖRK) 2013 in Busan rief Christinnen und Christen und alle Menschen guten Willens überall auf der Welt auf, sich einem Pilgerweg der Gerechtigkeit und des Friedens anzuschließen. „Herausgefordert durch unsere Erfahrungen in Busan rufen wir alle Menschen – jung und alt, Männer und Frauen, mit und ohne Behinderungen, Menschen aller Religionen – auf, ihre gottgegebenen Gaben gemeinsam einzusetzen, um Verwandlung herbeizuführen. In erster Linie rufen wir unsere Mitgliedskirchen und Partner auf, sich gemeinsam auf die Suche zu begeben und unsere Berufung als Kirche durch ein gemeinschaftliches Engagement für die äußerst wichtigen Anliegen der Gerechtigkeit und des Friedens zu erneuern und eine Welt zu heilen, in der Konflikte, Ungerechtigkeit und Schmerz herrschen. ...

Als Schwerpunkt der Programmarbeit für die nächsten sieben Jahre wird der Pilgerweg der Gerechtigkeit und des Friedens Initiativen in den Gemeinschaften, Advocacy für gerechten Frieden auf nationaler und internationaler Ebene miteinander verbinden und sich dabei auf folgende Aspekte konzentrieren:

- lebensbejahendes Wirtschaften
- Klimawandel
- gewaltfreie Schaffung von Frieden und Versöhnung
- Menschenwürde

einhergehend mit einer kontinuierlichen Analyse, Untersuchung und Reflexion darüber, was es für die Kirchen in der heutigen Welt bedeutet, sich auf einen Pilgerweg der Gerechtigkeit und des Friedens zu befinden (ÖRK:2015)."

In den evangelikalen Kirchen war die soziale und politische Dimension des Evangeliums lange Zeit verschüttet. Auch hier entdeckten die ChristInnen des

Südens, Gottes Leidenschaft für die Armen. „In den 1960er Jahren begannen sich lateinamerikanische Evangelikale unter Anregung der Befreiungstheologie mit dem Gegenwartsbezug der evangelikalen Theologie zu befassen. Am Latin American Congress on Evangelism vom 21.-29. November 1969 im kolumbianischen Bogotà, sagte der Lateinamerikaner Samuel Excobar, dass jede Evangelisation, die den sozialen Problemen keine Beachtung schenke, eine mangelhafte Evangelisation sei (Hardmeier 2009: 238).“ Im westlichen Kontext war es in den 1970er Jahren der Nordamerikaner Ronald Sider, der die Christen des Westens zur Verantwortung angesichts des Welthungers aufrief. Diese und andere sogenannten radikalen Evangelikale brachten die soziale Verantwortung der Christen auf die Tagesordnung der für die evangelikale Bewegung maßgeblichen Internationalen Konferenzen für Weltevangelisation, zum ersten Mal 1974 in Lausanne. In Wheaton im Jahr 1983 hieß es im Schlussbericht der Konferenz: „Die Mission der Kirche umfasst sowohl die Proklamation des Evangeliums als auch seine Demonstration. Deshalb müssen wir evangelisieren, Antworten auf drängende menschliche Nöte geben und uns für soziale Transformation einsetzen. ... Spätestens zum Zeitpunkt des Internationalen Weltkongresses für Evangelisation in Manila 1989 konnte gesagt werden, dass der überwiegende Teil der Evangelikalen in der Zwei-Drittel-Welt radikal und transformatorisch dachte.“ (Hardmeier 2009: 239 f) 2004 haben führende Evangelikale die Micha-Initiative gestartet, bei der sie sich von einem Vers des Propheten Micha herausgefordert fühlten: „Es ist dir gesagt worden Mensch, was gut ist, und was der Herr von dir erwartet: nichts anderes als dies: Recht tun, Güte und Treue lieben, in Ehrfurcht den Weg gehen mit deinem Gott.“ (Micha 6,8) Die Micha-Initiative ist eine weltweite Bewegung von Christinnen und Christen für mehr globale Gerechtigkeit und die Umsetzung der Millenniumsziele. Es sind insbesondere Menschen aus dem "globalen Süden", die der "Micah Challenge", wie sie im englischsprachigen Raum heißt, weltweit ein Gesicht geben. In mehr als 40

Ländern gibt es Micha-Kampagnen. In Deutschland wird die Micha-Initiative seit 2006 von der Deutschen Evangelischen Allianz verantwortet und von mehr als 30 weiteren christlichen Organisationen getragen. Es gibt derzeit 16 lokale Micha-Gruppen, in denen Christen aus verschiedenen Gemeinden sich zusammenschließen zum Gebet und um Aktionen zu planen. Beispielsweise hat sich die Micha-Initiative weltweit mit einer Petition gegen Korruption engagiert. 2014 und 2015 setzt sich die deutsche Micha-Initiative für faire Bedingungen in der Textilindustrie ein. Darüber hinaus hat jede Gruppe auch lokale Schwerpunkte, wie zum Beispiel die Marburger Lokalgruppe, die sich seit 2012 mit einer Petition an Ferrero gewandt hat. Darin fordern sie, nutella nur noch mit fair gehandeltem Kakao herzustellen. 2014 gab Ferrero bekannt, dass es einen Vertrag für drei Jahre über 20 000 Tonnen Fairtrade-Kakao abgeschlossen hat. Im Vergleich dazu betrug die gesamte Fairtrade-Kakao-Menge im Jahr 2014 1580 Tonnen. (Fairtrade: 2015) Allerdings liegt die Menge des gesamten unfair gehandelten Kakaos in Deutschland bei 415 000 Tonnen (Kakaoverein: 2015).

Die Micha-Gruppen tragen die Themen der sozialen und politischen Verantwortung in die Gemeinden und klären auf. Jedes Jahr im Oktober wird weltweit der Micha-Gottesdienst gefeiert. Um Christen in den Gemeinden für das Thema zu sensibilisieren, gibt es das Angebot eines Micha-Kurses, der unter anderem die biblischen Grundlagen zum Thema Armut und Ungerechtigkeit beleuchtet. Außerdem wurde 2013 von der Micha-Initiative „Die Gerechtigkeitsbibel“ herausgegeben, in der mehr als 3000 Verse markiert sind, in denen es um Armut und Gerechtigkeit geht.

Beim dritten Lausanner Kongress 2010 in Kapstadt kommt das Anliegen der Gerechtigkeit in der Kapstadt-Verpflichtung deutlich zum Ausdruck: „ (...) Liebe zu den Armen erfordert, dass wir nicht nur Erbarmen und Taten der Barmherzigkeit lieben, sondern Gerechtigkeit üben, indem wir all das aufdecken und bekämpfen, was die Armen unterdrückt und ausbeutet. Wir sollen uns nicht scheuen, Bosheit und Ungerechtigkeit anzuprangern, wo immer sie existieren. Wir bekennen voll Scham, dass wir in dieser Hinsicht versagt haben: Wir haben Gottes Leidenschaft nicht geteilt, Gottes Liebe nicht verkörpert, Gottes Wesen nicht widergespiegelt und Gottes Willen nicht getan. Wir verpflichten uns neu zur Förderung von Gerechtigkeit, einschließlich der Solidarität und Fürsprache im Namen von Randgruppen und Unterdrückten." (Kapstadt-Verpflichtung 2010)

1.2. Die Weltläden

Als herausragende Träger der entwicklungspolitischen Bildungsarbeit sind die Dritte-Welt-Bewegung in der BRD und die Zweidrittelweltgruppen[1] in der DDR wirksam geworden. Die aus ihnen erwachsenen Weltläden spielen eine bedeutende Rolle in der entwicklungspolitischen Bildungsarbeit. Die Weltläden haben mit ihrer Bildungsarbeit ein Bewusstsein für den ungerechten Welthandel geschaffen und den Fairen Handel in der Gesellschaft der BRD etabliert.

Die Dritte-Welt-Bewegung in der BRD ist zum Einen im kirchlichen Umfeld entstanden und zum Anderen in der studentischen Linken der 68er Bewegung. Aus beiden Quellen sind Impulse in die entwicklungspolitische Bildungsarbeit eingeflossen. Die 68er Bewegung machte darauf aufmerksam, dass die Konflikte in der Dritten Welt mit der Politik und dem Lebensstandard der Industriestaaten zusammenhängen. Daraus entwickelte sich der pädagogische Ansatz des „Bewusstseinswandels", der in der Gesellschaft angestoßen werden sollte.

---

[1] Der Begriff Zweidrittelwelt wurde zu DDR-Zeiten geprägt.

Die kirchliche Dritte-Welt-Bewegung entstand in dem katholischen Jugenddachverband BDKJ[2] und den evangelischen Jugendverbänden in der aej[3]. 1967 trafen sich 250 Jugendvertreter aus 23 Nationen auf der Ökumenischen Jugendkonferenz in Duisburg und diskutierten über die christliche Verantwortung für den Hunger in der Welt. Höhepunkt der Veranstaltung wurde eine spontane Demonstration in der Duisburger Innenstadt mit Plakaten wie: „Arme Länder wollen Gerechtigkeit – keine Almosen" und „10 000 Kinder verhungern täglich". Diese Jugendkonferenz beschäftigte sich intensiv mit bildungspolitischen Fragen zur Entwicklungsproblematik. Es war nach Scheunpflug die erste derartige Aktivität in der BRD.

Der Weltkongress der Katholischen Jugend fand im April 1968 im bereits von der Studentenbewegung beunruhigten Berlin statt. Neben der Forderung nach der Erneuerung der Kirchen stand die entwicklungspolitische Arbeit im Mittelpunkt der Tagung. Höhepunkt war die Rede des brasilianischen Bischofs Dom Helder Camara, der eine harsche Kapitalismuskritik formulierte. Diese Rede gab den Anstoß, die herrschende Weltwirtschaftsordnung zu hinterfragen (vgl. Scheunpflug/Seitz 1995c: 206-207).

Beide Jugenddachverbände begannen 1969 die entwicklungspolitische Bildungsarbeit als Bestandteil ihrer Jugendarbeit zu etablieren (vgl. Scheunpflug/Seitz 1995c: 225). Ende 1970 gründeten sie einen gemeinsamen „Entwicklungspolitischen Arbeitskreis von aej und BDKJ (EPA). Dessen Aufgabe war die entwicklungspolitische Bewusstseinsarbeit, die die Kirchen und die Öffentlichkeit erreichen sollte (vgl. Scheunpflug/Seitz 1995c: 225). Als neue Form der Bewusstseinarbeit startete der EPA im September 1970 die „Aktion Dritte-Welt-Handel". Die Idee dafür kam von der

[2] Der BDKJ: (Bund Deutscher Katholischer Jugend) ist ein Dachverband von 17 katholischen Jugendverbänden und vertritt etwa 500.000 Jugendliche im Alter von 8 bis 28 Jahren

[3] Die aej (Arbeitsgemeinschaft der evangelischen Jugend) ist ein Dachverband der Jugendarbeit der Evangelischen Kirche Deutschlands, der Freikirchen und verschiedener Werke und Verbände

niederländischen Shalom-Bewegung, die bereits 1963 Dritte-Welt-Läden gegründet hatte und mit Aktionskampagnen zu Rohrzucker, Aluminium und Schokolade arbeitete. Die symbolischen Aktionen der Shalom-Bewegung klärten darüber auf, dass die Länder der Dritten Welt für ihre Rohstoffe zu niedrige Preise von den Industriestaaten erhielten und somit in Armut und Abhängigkeit blieben. Die Shalom-Bewegung forderte zugleich von der eigenen Regierung eine gerechtere Handelspolitik gegenüber der Dritten Welt (vgl. Scheunpflug/Seitz 1995c: 109-111).

Auch die „Aktion Dritte-Welt-Handel" in Deutschland hatte das Ziel, durch den alternativen Handel in der Bevölkerung eine politische Bewusstseinsbildung in Gang zu bringen. So gehörte die Information zu den Hintergründen der Produkte stets mit zum Verkaufsgeschehen. Dazu kamen Aufklärungs-, Informations- und Bildungsarbeit. „Politische Aktionen soll(t)en die öffentliche Meinung beeinflussen, kritische Konsumenten mobilisieren und eine Verbrauchermacht aufbauen" (vgl. Albuschkat 2005: 6).

1976 entschloss sich die gerade gegründete „Arbeitsgemeinschaft Dritte Weltläden" (AG3WL) nach dem Vorbild der Schweiz eine „Jute statt Plastik" Aktion durchzuführen. Damit sollte über den Verkauf von Jutetaschen entwicklungspolitische Bildungsarbeit geleistet werden. Einerseits wurde auf die Verbesserung der Lebenslage der Frauen in Bangladesh durch faire Handelsbeziehungen aufmerksam gemacht, andererseits wurde die Plastiktüten-Wegwerfgesellschaft kritisiert, denn Plastiktüten wurden unter hohem Energieaufwand hergestellt und ihre Entsorgung war problematisch. Die Jutetaschen waren dagegen aus einem nachwachsenden Rohstoff gefertigt. Ein Aktionshandbuch der GEPA[4] empfahl, dass Supermarktkunden ihre Plastiktüten demonstrativ wegwerfen sollten, nachdem sie ihre Einkäufe in Jutetaschen umgepackt haben. Ein anderer Vorschlag war, die gesammelten Tüten beim zuständigen Umweltminister abzugeben oder sich

[4] Die GEPA: (Gesellschaft für Partnerschaftliche Zusammenarbeit) ist eine Importorganisation des Fairen Handels, die direkte Handelsbeziehungen zu den Kooperativen des Fairen Handels unterhält.

im Kaufhaus strikt zu weigern, eine Plastiktüte anzunehmen. Die Aktion war ein voller Erfolg. Die Jutetasche wurde zum Symbol einer Weltanschauung (vgl. Albuschkat 2005: 10).

In den 1980er Jahren war Kaffee aus Nicaragua ein besonders stark politisch besetztes Produkt der Weltläden, da sich mit dem Kauf dieses Kaffees die Unterstützung der Revolution der Sandinisten verband.

In der DDR waren die beiden Kirchen entwicklungspolitisch tätig. Dazu gehörten z.B. die jährlichen Sammlungen für „Brot für die Welt“, und das Bestreben, die DDR-Bürger und Bürgerinnen für die Probleme der Dritten Welt zu sensibilisieren. Der Reichtum der nördlichen Industriestaaten (auch der sozialistischen Staaten) hatte ihrer Ansicht nach einen Grund in der Ausbeutung der Dritten Welt. In Gottesdiensten, Vorträgen und kirchlichen Publikationen wurde dieser Standpunkt vertreten, der den Auffassungen der SED widersprach (vgl.Olejniczak 1998: 211).

1971 fand in Halle eine Tagung unter dem Motto: „Aufbruch gegen die Weltarmut“ statt, aus der der ökumenische Arbeitskreis INKOTA (Information Koordination Tagungen) hervorging (vgl. INKOTA 2007: 1-4). Seit Ende der 1960er Jahre waren bereits unter dem Dach der Kirchen vom Staat unabhängige Zweidrittelweltgruppen entstanden, die sich nun vernetzten. Die Zweidrittelwelt-Gruppen kritisierten die staatliche Solidaritätspolitik und galten daher als Staatsfeinde. 1989 gab es ca. 40 Zweidrittelwelt-Gruppen in der DDR. (vgl. Müller 1990:8f)

In der Wendezeit standen auch die Zweidrittelwelt-Gruppen vor völlig neuen Herausforderungen. So heißt es in einem Bericht über diese Zeit: „Nach Öffnung der Grenzen verteilten wir Flugblätter, die über die Gefahren des Konsumwahns informierten“ (Tierra unida 1990: 11). Aufgrund der ausländerfeindlichen Ausschreitungen Anfang der 1990er Jahre begannen sich alle Gruppen intensiv mit der Ausländerproblematik zu beschäftigen. Viele Gruppen eröffneten Cafes zur Begegnung von Ausländern und Deutschen. Außerdem wurden Weltläden gegründet, was zu DDR-Zeiten nicht möglich war (vgl. Olejniczak 1998: 236). 1994 gab es bereits 121 neue Weltläden (vgl. Olejniczak 1998: 257).

Heute gibt es in ganz Deutschland ca. 800 Weltläden und 1000 Aktionsgruppen. 2013 gaben Verbraucher/innen in Deutschland 784 Mio. Euro für fair gehandelte Produkte aus dem Süden aus. Das entspricht einem Jahreswachstum von 21 Prozent und einer Verdopplung des Umsatzes innerhalb der letzten vier Jahre. In absoluten Zahlen wurde ein Plus von ca. 134 Mio. Euro erreicht. Inzwischen kauft fast jeder zweite Deutsche fair gehandelte Produkte und gibt ca. 25 Euro im Jahr dafür aus (Forum-Fairer-Handel 2015).

Die Weltläden machen auf verschiedene Weise die Bevölkerung auf ihre Themen aufmerksam. Zu der Öffentlichkeitsarbeit mit eng an den Verkauf geknüpften Aktionen und politischen Kampagnen kommt die entwicklungspolitische Bildungsarbeit der Weltläden. In vielen Weltläden bieten MitarbeiterInnen Unterrichtseinheiten für Schulen an, in denen die Zusammenhänge und Ziele des Fairen Handels dargestellt werden.

1.3. Die Umweltkonferenzen der UN

Wichtige Impulse für die entwicklungspolitische Bildung gingen von den Weltkonferenzen der UN aus. Den UN–Konferenzen war eine Ernüchterung des unbekümmerten Fortschrittsoptimismus in den Industriestaaten vorausgegangen. Auslöser war der vom „Club of Rome“ [5]. herausgegebene Bericht: „Die Grenzen des Wachstums“ Er wurde im Frühjahr 1972 weltweit millionenfach verkauft. Anhand der Zahlen über Bevölkerungswachstum, Umweltverschmutzung, Ressourcen, Nahrungsmittelproduktion und Industrialisierung wurde errechnet, dass innerhalb von wenigen Jahren die

[5] Der „Club of Rome“, ein Zusammenschluss von Wissenschaftlern und Intellektuellen um den italienischen Industriellen Aurelio Peccei (1908-1984).

Grenzen des Wachstums erreicht sein würden. Der „Club of Rome" wollte eine breite Öffentlichkeit über die Problem belastete Lage der Menschheit aufklären und zu einem neuen, globalen Handeln anregen (vgl. Hahn 2006). Die Aussicht auf einen ökologischen Kollaps und einen katastrophalen wirtschaftlichen Niedergang wirkte in den Industriestaaten wie ein Schock. In Stockholm fand 1972 die erste große Umweltkonferenz der Vereinten Nationen (UNEP) statt. In Folge dieser Konferenz wurden in zahlreichen Staaten eigenständige Umweltministerien geschaffen. Auf der Stockholmer Konferenz wurden auch die sozialen Aspekte der Umweltprobleme erörtert. Die Probleme der Entwicklungsländer wurden in den Zusammenhang mit dem verschwenderischen Lebensstil der Industriestaaten gestellt.

1983 nahm die UN-Kommission für Umwelt und Entwicklung unter dem Vorsitz der norwegischen Ministerpräsidentin Gro Harlem Brundtland ihre Arbeit auf. Diese Kommission hat 1987 mit der Veröffentlichung des Bundtland-Berichts erstmals den Begriff der „nachhaltigen Entwicklung" als globales Entwicklungsleitbild an die Öffentlichkeit gebracht. Auf Vorschlag dieser Brundtland-Kommission wurde 1992 in Rio de Janeiro die UN-Konferenz für Umwelt und Entwicklung abgehalten. 178 Staaten der Welt unterzeichneten die „Rio-Deklaration". Darin hieß es: dass „das Recht auf Entwicklung so erfüllt werden muss, dass den Entwicklungs- und Umweltbedürfnissen heutiger und künftiger Generationen in gerechter Weise entsprochen wird". Auf dieser Basis wurden entwicklungs- und umweltpolitische Grundprinzipien zur Armutsbekämpfung, zur Bevölkerungspolitik und zum Recht auf Entwicklung der bisherigen Entwicklungsländer vereinbart. Die Industriestaaten wurden als Hauptverursacher der Umweltprobleme verurteilt. Außerdem verabschiedete man die Agenda 21, die ein Aktionsprogramm zur Umsetzung des Leitbildes der nachhaltigen Entwicklung ist. Dazu sind innovatives Wissen, neue Bewusstseinsprozesse und ein mentaler Wandel notwendig. Ohne weitreichende Bildungsmaßnahmen sind diese Ziele nicht zu erreichen. Auf dem zweiten Weltgipfel für nachhaltige Entwicklung in Johannesburg 2002 wurde die Notwendigkeit betont, die Leitgedanken der nachhaltigen Entwicklung in allen Ebenen des Bildungssystems – von der Vorschule bis zur Hochschulbildung und der nonformalen Bildung – zu integrieren (vgl. Grunwald 2006: 16-26).

Im Dezember 2002 rief die Generalversammlung der Vereinten Nationen für die Jahre 2005 bis 2014 die Weltdekade „Bildung für nachhaltige Entwicklung" aus. Alle Mitgliedsstaaten der Vereinten Nationen sind aufgefordert, national und international Bildungsaktivitäten zu entwickeln, die das Ziel der Staatengemeinschaft unterstützen, die Lebens- und Überlebensbedingungen für die jetzt lebenden und die zukünftigen Generationen zu sichern.

Die Weltdekade orientiert sich dabei nicht nur an den Zielen der Weltkonferenz in Rio 1992, sondern auch an der Millenniums-Erklärung der Vereinten Nationen von 2000 und den daraus abgeleiteten „Millenniums-Entwicklungszielen". Deren erstes Ziel ist es, dass es 2015 nur noch halb so viele Arme auf der Welt geben soll, deren Einkommen geringer als 1 Dollar pro Tag ist. Ein weiteres Ziel ist die ökologische Nachhaltigkeit. Außerdem werden die Industriestaaten verpflichtet, ein nicht diskriminierendes Handels- und Finanzsystem zu entwickeln (Appelt 2007: 27-43).

2005 wurde für Deutschland ein nationaler Aktionsplan der Weltdekade „Bildung für eine nachhaltige Entwicklung" aufgestellt. Dazu gehörte auch, das Konzept der Bildung für eine nachhaltige Entwicklung in den Schulen zu verankern. Die Kultusministerkonferenz[6] und das BMZ[7] hat im Sommer 2007 einen Orientierungsrahmen für den Lernbereich Globale Entwicklung herausgegeben. Als einen Teil des Gesamtkonzeptes der Bildung für

[6] Die Ständige Konferenz der Kultusminister der Länder in der Bundesrepublik Deutschland (Kurzform: Kultusministerkonferenz) ist ein Zusammenschluss der für Bildung und Erziehung, Hochschulen und Forschung sowie kulturelle Angelegenheiten zuständigen Minister bzw. Senatoren der Länder. (Kultusministerkonferenz 2008)

[7] Bundesministerium für wirtschaftliche Zusammenarbeit und Entwicklung

nachhaltige Entwicklung sollen hiermit die Themen der Globalen Entwicklung in die schulische und berufliche Bildung einbezogen werden (Appelt 2007: 9). Das Konzept der Bildung für nachhaltige Entwicklung entspricht in vielen Aussagen denen des Globalen Lernens. Allerdings gab es zwischen den VertreterInnen beider Konzepte verschiedene Schwerpunktsetzungen, um die gestritten wurde. Die VertreterInnen des Globalen Lernens befürchteten, dass die ökologischen Probleme die Frage nach weltweiter Gerechtigkeit verdrängen würde. Inzwischen haben sich beide Positionen angenähert, so dass in Deutschland die Bildung für nachhaltige Entwicklung als übergreifendes Konzept verstanden wird, in dessen Kontext das Globale Lernen einzuordnen ist (vgl. VENRO 2007: 14). Auf der Weltkonferenz „Bildung für nachhaltige Entwicklung“ (BNE) in Aichi-Nagoya in Japan im November 2014 wurde das neue Weltaktionsprogramm beschlossen. Das Weltaktionsprogramm (WAP) BNE ist das Folgeprogramm der UN-Dekade BNE. Aufbauend auf den Ergebnissen der UN-Dekade zielt das WAP auf die Entwicklung und Intensivierung konkreter Maßnahmen. Das Ziel ist die gesellschaftliche Transformation: Lernende jeden Alters in allen Lernumgebungen sollen in die Lage versetzt werden, sich selbst und die Gesellschaft, in der man lebt, zu verändern. Es soll einen Übergang zu nachhaltigeren Wirtschaftssystemen und Gesellschaften ermöglicht werden. Menschen sollen in die Lage versetzt werden, „Weltbürger“ zu werden, die sich sowohl lokal als auch global engagieren, um globale Probleme anzugehen und zu lösen, und letztlich einen proaktiven Beitrag leisten, eine gerechtere, friedlichere, tolerantere, ganzheitlichere, sicherere und nachhaltigere Welt zu erschaffen. (vgl. bne-portal: 2015)

1.4. Die globalisierungskritische Bewegung

Ein jüngerer Akteur in der Bildung über globale Zusammenhänge ist die globalisierungskritische Bewegung. Ihr Protest richtet sich gegen die Auswirkungen des Neoliberalismus. Der Neoliberalismus ist eine in den 1930er Jahren entstandene Lehre, nach der der Markt absolute Macht haben soll, gesellschaftliche Entwicklungen und Entscheidungen zu regulieren. Damit soll ein Kapitalismus ohne wohlfahrtsstaatliche Begrenzungen angestrebt werden. Bis heute bestimmt der Neoliberalismus die Politik, die Medien und das Massenbewusstsein hierzulande so stark wie keine andere Weltanschauung. Ein erster Schritt in Richtung eines globalen neoliberalen Projektes war der freie Kapitalverkehr seit 1973, als die Finanzmärkte liberalisiert und die Wechselkurse der nationalen Währungen flexibilisiert wurden. Weitere Ziele der neoliberalen Wirtschaftspolitik, die seit den 1970er Jahren eingeleitet wurde, waren der freie Welthandel[8], der massive Rückbau der Sozialstaaten und eine Wirtschaftspolitik, die vor allem den Konzernen bessere Bedingungen verschaffte (Butterwegge 2007: 11-13). Ein Kernanliegen des Neoliberalismus ist die „Entthronung der Politik“ (Hayek in Butterwegge 2007: 67). Der Staat soll nicht mehr als demokratische Macht in das Marktgeschehen eingreifen, stattdessen soll er die Macht des Marktes ausbauen und absichern. Die neoliberale Theorie hat die Welt in den letzten Jahrzehnten mit zerstörerischer Macht transformiert. Dahinter stehen Menschen, die die weltweite Ausbreitung des Neoliberalismus über Jahrzehnte strategisch betrieben haben und heute über mächtige Institutionen und Netzwerke verfügen, wie zum Beispiel das jährliche

[8] Der freie Welthandel (oder liberalisierte Welthandel) bedeutet die Abschaffung von Zöllen, Einfuhrquoten, Verfahrensvorschriften und Standards für Umwelt und Gesundheitspolitik. Dadurch soll mehr wirtschaftliche Effizienz entstehen. Soziale und ökologische Regeln werden damit abgebaut. Allerdings wird dieses Prinzip vor allem auf die Entwicklungsländer angewandt. Über die WTO werden sie zu hohen Zollsenkungen im Agrarbereich gezwungen. Die USA und Europa dagegen schützen ihre Landwirtschaft mit hohen Subventionen. Mit den dadurch billig gewordenen Lebensmitteln gehen sie dann auf die Märkte der Entwicklungsländer. Dadurch wird dort die einheimische Landwirtschaft ruiniert, weil die Bauern dort nicht zu diesen billigen Preisen produzieren können (Schilder 2005: 15).

Weltwirtschaftsforum in Davos (vgl. Butterwege 2007: 74). Gegen diesen Neoliberalismus formierte sich Anfang der 1990er Jahre die erste internationale, soziale Bewegung aus Umwelt- und Dritte-Welt-Gruppen, Menschenrechtsorganisationen und Gewerkschaften. 1996 luden die Zapatisten[9] zum ersten Interkontinentalen Treffen für Menschlichkeit und gegen den Neoliberalismus in die Berge von Chiapas in Mexiko ein. Dieses Treffen in Chiapas kann als der erste große Akt der Bewegung gegen den Neoliberalismus angesehen werden (Anand 2004: 1996). Die globalisierungskritische Bewegung prangerte die rücksichtslose Machtergreifung multinationaler Konzerne an und protestierte gegen den zunehmenden Verlust von sozialen Rechten und ökologischer Entwicklung. Dabei ging es vor allem um die globalen Institutionen IWF[10], Weltbank und Welthandelsorganisation[11], die mit ihrer Wirtschaftspolitik die Demokratie aushöhlen. Die erste aufsehenerregende Demonstration der globalisierungskritischen Bewegung mit 50000 Menschen fand am 1.12.1999

---

[9] Am 1. Januar 1994 trat eine Bewegung an die Öffentlichkeit, die den indigenen Völkern Mexikos eine Stimme gab. Tausende schlecht bewaffneter Indígenas besetzten mehrere Städte in Chiapas und erklärten der mexikanischen Regierung den Krieg. Der Zeitpunkt des zapatistischen Aufstands war bewusst gewählt: am selben Tag trat der NAFTA, der nordamerikanische Freihandelsvertrag in Kraft. Den indigenen Gemeinden sollte im Zuge dieser neoliberalen Umstrukturierung ihre Existenzgrundlage genommen werden. Privatisierung von Gemeindeland, Migration in die USA und Zerstörung der sozialen Strukturen wären die Konsequenzen. Dagegen leisteten die sich unter dem Namen „Zapatistas" vereinigten Indigenen Widerstand und bauten autonome Strukturen auf. Die Autonomie indigener Gemeinden nahm auch ohne verfassungsrechtliche Grundlagen langsam Gestalt an. Es wurden Gesundheitsposten und Kliniken gebaut, autonome Schulen gegründet, Kurse in Biolandbau gegeben, Produkte der Landwirtschaft lokal und international gemeinsam vermarktet. Heute sprechen die autonomen Regierungsstrukturen Recht, vermitteln bei Konflikten und verwalten ganze Regionen. Sie haben dabei mit zwei Haupthindernissen zu kämpfen: Mit der fehlenden Anerkennung von Seiten des Staates und als Folge davon dem Fehlen aller Zuschüsse für diese verarmten Regionen (chiapas Schweiz 2008).

[10] IWF: Internationaler Währungsfonds: 1945 im Gefolge der Bretton Woods-Konferenz (1944) gegründet, um eine Neuordnung und Stabilisierung der internationalen Wirtschaftsbeziehungen auf der Basis fester Wechselkurse zwischen austauschbaren Währungen institutionell abzusichern. Nachdem das System der festen Wechselkurse 1973 aufgelöst wurde, übernahm der IWF als neue Aufgabe das internationale Schuldenmanagement und verhängte über die Schuldnerländer die sogenannten „Strukturanpassungsmaßnahmen".

[11] Die WTO ist eine internationale Organisation, die 1995 gegründet wurde. Sie definiert sich selber „als internationaler Rahmen für das multilaterale Handelssystem". Das heißt, Verhandlungen werden nicht mehr zwischenstaatlich geführt, sondern alle Mitglieder des internationalen Handelssystems entscheiden gemeinsam über internationale Handelsabkommen. Die USA, die Industriestaaten und die multinationalen Konzerne sind die dominierenden Mächte, die weltweit den neoliberalen Freihandel durchsetzen wollen (vgl. attac 2003: 16-18).

in Seattle anlässlich der Millenniumsrunde der WTO statt. Als eine der bedeutendsten Akteure der globalisierungskritischen Bewegung wurde 1998 in Frankreich attac gegründet. attac wendete sich zunächst gegen die Ungerechtigkeit der globalen Finanzmärkte. Die erste Forderung von attac war die Einführung der Tobinsteuer, einer weltweiten Spekulationssteuer. Durch sie sollen die Finanzmärkte gebändigt werden und Mittel für Entwicklungshilfe bereitgestellt werden. attac erweiterte dann den Protest auf alle Erscheinungsformen der neoliberalen Globalisierung. attac versteht sich als eine „aktionsorientierte Bildungsbewegung". In den Regionalgruppen rund um die Welt wird regelrecht gepaukt. Es gibt Vorträge, Lektüregruppen, die nationalen Sommeruniversitäten, die Erarbeitung von Broschüren und Flugblättern, die Verbreitung von wirtschaftspolitischen Dokumenten. Dazu kommen öffentlichkeitswirksame Veranstaltungen, Aktionen in Fußgängerzonen und Gespräche mit Abgeordneten, in denen diese über globale Zusammenhänge aufgeklärt werden (vgl. Grefe 2002: 107-112). Alle Akteure der globalisierungskritischen Bewegungen haben sich mit dem Weltsozialforum weltweit vernetzt. Im Jahr 2001 fand in Porto Alegre in Brasilien das erste Weltsozialforum statt. Acht brasilianische NGOs hatten die Idee, als Gegenentwurf zum Weltwirtschaftsforum[12] von Davos ein Weltsozialforum einzuberufen. Am ersten Weltsozialforum 2001 in Porto Alegre nahmen ca. 12 000 Menschen und mehr als 1000 Organisationen aus allen Kontinenten teil. 2003 verwandelte sich die bis dahin hauptsächlich gegen die Konzerne gerichtete Bewegung in den größten internationalen Antikriegsprotest gegen den Irak-Krieg der USA. Zum siebten Weltsozialforum, das 2007 in Nairobi, der Hauptstadt Kenias stattfand, wurden über 100.000 Teilnehmer erwartet. 2008 gab es statt einem zentralen Weltsozialforum eine Aktionswoche rund um die Welt (vgl. Weltsozialforum

[12] Das Weltwirtschaftsforum (World Economic Forum, WEF) ist eine private Stiftung mit Sitz in Genf. Die Stiftung organisiert jährlich im Januar eine Jahrestagung – meist im schweizerischen Davos –, bei welcher sich Wirtschaftsführer, Politiker und Persönlichkeiten aus der Gesellschaft treffen. Die Stiftung wird von über 1000 weltweit führenden Wirtschaftsunternehmen getragen.

2008). Unter dem Motto: „Eine andere Welt ist möglich“ ist es das Ziel, sich für Alternativen zum Neoliberalismus zu engagieren. Vom 24. bis 28. März 2015 fand das zwölfte Weltsozialforum in Tunis / Tunesien statt, mit insgesamt rund 1000 Einzelveranstaltungen und ca. 20 000 Teilnehmer/innen. (Weltsozialforum 2015)

2. Didaktik der entwicklungspolitischen Bildung

Der Rückblick auf die Geschichte der Akteure der entwicklungspolitischen Bildung und des Globalen Lebens hat gezeigt, dass sich Ziele, Inhalte und Methoden der Bildung über die Dritte Welt bzw. die Weltgesellschaft gewandelt haben. Neue politische und wirtschaftliche Entwicklungen haben neue Bildungsinhalte und Aktionsformen erfordert. Der folgende Rückblick auf die Geschichte der entwicklungspolitischen Didaktik wird zeigen, dass die vorherrschenden Entwicklungstheorien einen entscheidenden Einfluss auf die Ziele der Bildungsarbeit hatten. (Eine Entwicklungstheorie soll klären, wie Armut entsteht. Erst wer seine Theorie darüber geklärt hat, wie sich die Welt entwickeln soll, der kann von daher seine Bildungsziele herleiten.) Dass sich die entwicklungspolitische Bildung gewandelt hat, hängt aber auch mit Veränderungen in der pädagogischen Herangehensweise an das Thema zusammen. Es gab drei Quellen für deren Veränderungen. Zum Teil orientierte sie sich an den Innovationen der allgemeinen Didaktik und bezog sich auf Konzepte der Fachdidaktik der politischen Bildung. Zum großen Teil aber gab es speziell auf die entwicklungspolitische Bildung zugeschnittene didaktisch-methodische Ansätze (vgl. Scheunpflug/Seitz 1995a: 163). Der Wandel der Betrachtung der Dritten Welt, der sich in entwicklungspolitischen Unterrichtsmaterialien widerspiegelt, ist also auch auf den Wandel didaktischer Moden zurückzuführen (vgl. Scheunpflug/Seitz 1995a: 153).

2.1. Informationsorientierte Didaktik

Besonders diese erste Phase entwicklungspolitischer Bildung von 1949 bis 1969 zeigt deutlich, wie sehr entwicklungspolitische Bildung von der politischen Perspektive abhängig war, deren Zielen sie dienen sollte. Mit dem Beginn des Kalten Krieges wurde in den entwicklungspolitischen Unterrichtsmaterialien die Notwendigkeit vermittelt, die Dritte Welt als Verbündete gegen den Weltkommunismus zu gewinnen. Wenn die ökonomischen und sozialen Probleme angesichts der weltpolitischen Ost-West-Konfrontation überhaupt wahrgenommen wurden, dann waren die Ursachen fast ausschließlich als in der Dritten Welt selbst verursachte Probleme erklärt. In den 1950er Jahren war die Modernisierungstheorie die vorherrschende Erklärung für die Unterentwicklung der Dritten Welt. Danach waren die Entwicklungsländer arm, weil sie sich nicht aus den Fesseln ihrer Tradition befreiten. Die Ursachen der Unterentwicklung lagen also in Afrika, Asien und Lateinamerika. Die Dritte Welt müsste so werden, denken, handeln, produzieren wie der Westen. Diese pauschale Bewertung der Tradition als entwicklungshemmend ist aber überholt. Zum Beispiel haben die konfuzianischen Tugenden Fleiß, Disziplin und Leistungswillen an der Modernisierung der Tigerstaaten wesentlichen Anteil gehabt. Das modernisierungstheoretische Denken ist seit der Diagnose der „Grenzen des Wachstums“ des „Club of Rome“ im Jahr 1973 auch dahingehend zu kritisieren, dass die Entwicklung des Westens zerstörerische Folgen hatte, und daher nicht länger als Vorbild gelten darf. Nach Nuscheler enthalten die Modernisierungstheorien den richtigen Kern, der besagt, dass die entscheidenden Voraussetzungen für Entwicklung im Innern der Gesellschaften geschaffen werden müssen (vgl. Nuscheler 2005: 215). Das Ziel der entwicklungspolitischen Bildungsarbeit auf dem Hintergrund der Modernisierungstheorie war es, EntwicklungshelferInnen zu gewinnen, die auf paternalistische Weise den Menschen in der Dritten Welt zeigen sollten, wie sie sich nach westlichem Vorbild entwickeln müssten. Außerdem wurde auf diesem Hintergrund dafür geworben, für die Armen in der Welt zu spenden. Auch dabei wurde die Haltung vermittelt, die Industrienationen würden aus Mitleid den weniger Entwickelten großzügige Hilfe leisten. Eine eigene Verstrickung in die Entstehung der Armut durch die Kolonialgeschichte und deren bis heute wirksamen Machtstrukturen wurde ausgeblendet. In einer Unterrichtseinheit von 1951 stellte Bergner „die Erschließung Afrikas als europäische Aufgabe“ dar. Um Entwicklung zu fördern, sollten Rohstoffe für den Export nach Europa erschlossen werden, der rasche Ausbau der Verkehrswege, die Rodung des Urwalds für die Nahrungsmittelherstellung und die Bewässerung mit Hilfe von Großstaudämmen vorangetrieben werden. Es ging dabei nicht um die Probleme der Afrikaner, sondern vielmehr um die der Europäer! Wir brauchten Afrika als Rohstofflieferanten und Absatzmarkt (vgl. Bergner 1951: 17). In den 1960er Jahren kam die Dritte Welt durch die Entkolonialisierung als neuer Faktor in der Weltpolitik in den Blick. Entwicklungspolitische Bildungsarbeit hatte nun die Aufgabe, die deutsche Entwicklungshilfepolitik zu legitimieren und um Unterstützung dafür zu werben (vgl. Scheunpflug/Seitz 1995a: 201f). Wer etwas tun wollte, konnte EntwicklungshelferIn werden oder die Entwicklungshilfe des Staates oder der Kirchen unterstützen. Diese modernisierungstheoretisch begründete Bildung wurde überwiegend mit einer informationsorientierten Didaktik vermittelt. Das bedeutete, dass auf die politisierende bzw. bildende Wirkung von Informationen gesetzt wurde. Außerdem wendete man in dieser Zeit die appellative Didaktik an, die ausdrücklich auf plakative, moralische Werte und/oder politische Einstellungen abzielte (vgl. Scheunpflug/Seitz: 86 und 127ff).

2.2. Curriculare und ideologiekritische Ansätze

Diese nächste Phase von 1970 bis 1976 war gekennzeichnet durch eine radikale, inhaltliche Neuausrichtung durch die Dependenztheorie. Die Dependenztheorie entstand Mitte der 1960er Jahre in Lateinamerika. Danach ist die Dritte Welt unterentwickelt, weil sie von den kapitalistischen Industriestaaten ökonomisch ausgebeutet und politisch beherrscht wird. Die Ursachen der Unterentwicklung liegen demnach bei den Industriestaaten. Unterentwickelte und entwickelte Staaten sind die beiden funktional aufeinander bezogenen Seiten der Entwicklung des kapitalistischen Weltsystems. Die unterentwickelten Staaten können sich nur entwickeln, wenn sie nicht länger von den Industriestaaten beherrscht werden und nicht von ihnen wirtschaftlich abhängig sind (vgl. Scheunpflug/Seitz 1995a: 34f.). Die Dependenztheoretiker sahen deshalb die Abkopplung vom Weltmarkt und damit eine autozentrierte Entwicklung (d.h. einer nach innen gerichteten Entwicklung) als entwicklungspolitische Aufgabe an (Nuscheler 2005: 216).

Diese neue Entwicklungstheorie veränderte die entwicklungspolitische Bildungsarbeit radikal. Nun gerieten die Industrienationen aus der Position der großzügigen Helfer in die Position der Verursacher der Armut. Das bedeutete für die Bildungsarbeit, dass es fast abzulehnen war, für Spenden zu werben. Damit würde die alte paternalistische Haltung vertieft. Stattdessen musste nun aufgeklärt werden, dass jede/r KonsumentIn in die Ursachen für Armut verstrickt war. Das kam in dem Slogan der Weltladenbewegung zum Ausdruck, der von Helder Camara, einem Bischof aus Brasilien stammte: „Eure Almosen könnt ihr behalten, wenn ihr nur gerechte Preise zahlt!“. Die entwicklungspolitische Bildungsarbeit klärte nun über die weltwirtschaftliche Zusammenhänge auf und forderte zu einen fairen Konsum und zu politischer Einflussnahme auf die Regierung zur Veränderung des ungerechten Welthandels auf. Durch die 68er Bewegung dazu inspiriert, entstand die ideologisch-emanzipatorische Didaktik. Die eigene bundesdeutsche

Gesellschaft wurde als kapitalistisch kritisiert. Auf der Grundlage der neomarxistischen Gesellschaftstheorie entwarf man eine ideologisch-emanzipatorische Didaktik. Die Grundlage dieser Didaktik ist die These, dass das öffentliche Bewusstsein der Menschen verblendet sei. Das Bildungssystem wurde kritisiert, denn durch die autoritären Lern- und Schulstrukturen würden die Schüler/innen dahingehend beeinflusst, dass sie sich dem kapitalistischen System anpassten. Damit vermittle man die entwicklungspolitische Bildung so, dass dies ihren eigenen Zielen widersprechen würde. Deshalb suchte man nun statt technokratischer Lehrplanung nach offenen Lerngelegenheiten, die das emanzipatorische Bildungsziel der politischen Selbst- und Mitbestimmung bereits in einem kooperativen Lernprozess von Schülern, Lehrern und Curriculumplanern vermitteln sollten (vgl. Scheunpflug/Seitz 1995a: 214).

Im Blick auf die Unterrichtsmethode wurde jetzt die Idee der Curricula und deren Lernzielen aufgenommen. Durch eine kritische Sicht auf die Gesellschaft begründet, ging man didaktisch neue Wege. 1967 hat Saul B. Robinson, Direktor am MPI für Bildungsplanung in Berlin, mit seiner Zauberformel des „Curriculum" die Erziehungswissenschaft, die Bildungspolitik und auch die entwicklungspolitische Bildung stark beeinflusst. Die entscheidende Neuerung war, dass man sich nun an Lernzielen und Qualifikationen orientiert, und nicht mehr an Themen und Inhalten. Dabei wurde vor allem auf eine kognitive Problemanalyse gesetzt, aus der ein verändertes Bewusstsein folgen soll. In den nächsten Jahren wurden vor allem mit der Unterstützung des BMZ[13] entwicklungspolitische Curricula erarbeitet (vgl. Scheunpflug/Seitz 1995a: 207-210).

[13] BMZ – Bundesministerium für wirtschaftliche Zusammenarbeit und Entwicklung

2.3. Teilnehmerorientierte Nahtstellendidaktik

Ausgehend von der Analyse der neuen sozialen Bewegungen[14] entstanden von 1977 bis 1980 andere didaktische Ansätze. Die sozialen Bewegungen praktizierten alternative Entwicklung, übten solidarische, herrschaftsfreie Umgangsformen ein und vermittelten ihre Inhalte durch emanzipatorische Didaktik (vgl. Scheunpflug/Seitz 1995a: 222).

Die neuen Ansätze dieser Phase lassen sich als die „Alltagswende" in der entwicklungspolitischen Bildungsarbeit zusammenfassen. Es wurden auf die Zielgruppe zutreffende alltägliche „Nahtstellen" zur Dritten Welt problematisiert, anstatt zu versuchen, Betroffenheit über Elend und Unterdrückung auszulösen (vgl. Scheunpflug/Seitz 1995a: 223). Der Impuls dazu kam aus den neuen sozialen Bewegungen, die einen alternativen Lebensstil und ein verändertes Konsumverhalten anstrebten.

Ein darauf basierender neuer entwicklungspolitischer Ansatz war die „Bochumer Nahbereichsthese": Danach entfaltet sich der Prozess politischer Sensibilisierung stufenweise, wenn man im unmittelbaren Nahbereich gelungene Partizipation erfahre. Nur so könnten Menschen ihre Ohnmacht in der kommunalen Alltäglichkeit überwinden. Diese Ohnmacht ist für die Bochumer Didaktiker das eigentliche Lernhemmnis für einen entwicklungspolitischen Sensibilisierungsprozess.

Die Überwindung dieser Ohnmacht konnten die klassischen Modelle politischer Bildung nicht leisten, denn bei ihnen ging es in erster Linie um den Mangel an Wissen, der mit entsprechender Aufklärung zu beheben war. Die Bochumer Didaktiker bezeichneten es als Mythos, dass durch aufklärende Information zu politischem Handeln motiviert werden könne (vgl. Scheunpflug/Seitz 1995: 218ff). Stattdessen setzten sie auf eine Didaktik der „entwicklungspolitischen Motivation durch emphatisches Engagement für befreiende Alternativen" (zit. Gronemeyer/Bahr 1977 nach: Scheunpflug/Seitz

[14] z.B. Umweltbewegung, Anti-Atombewegung, Frauenbewegung, Dritte-Welt-Bewegung

1995: 220). Es ging nun um die Entwicklung der reichen Gesellschaften und um die Mobilisierung der Menschen der „ersten Welt" für ihren lokalen politischen Alltag.
Kritisiert wird an der Bochumer Didaktik, dass sie den Schritt vom Mitgestalten im lokalen Nahbereich zum Denken und Handeln im globalen Horizont nicht nachvollziehbar machte. Dass dies automatisch geschieht, ist anzuzweifeln (vgl. Scheunpflug/Seitz 1995a: 220).
Neben der neuen Ausrichtung der Inhalte ging es außerdem um angemessene Lernbedingungen für die Zielgruppe. Indem man sich mit der bisherigen Praxis der kognitiven Aufklärung auseinander setzte, wurden die Lernwiderstände und Abwehrmechanismen gegenüber entwicklungspolitischen Inhalten aufgedeckt. Deshalb suchte man nach teilnehmerorientierten Methoden. Die TeilnehmerInnen sollten über alle Sinne angesprochen werden. Durch ganzheitliche Erfahrungen sollten Haltungen wie Mitgefühl, Mitleiden und Solidarität eingeübt werden. In offenen Lernprozessen mit spontanen Gesprächen entstand das gemeinsame Lernen.

2.4. Interkulturelle Didaktik

Die bisherige auf die Ökonomie beschränkte entwicklungspolitische Bildung hatte einen auf das Negative fixierten Blick. Ihre Katastrophendidaktik wurde jetzt für die Krise der entwicklungspolitischen Bildung verantwortlich gemacht (Scheunpflug/Seitz 1995a: 230). Stattdessen wurde nun in den 1980er Jahren die interkulturelle Didaktik[15] zum leitenden Programm der zweiten Hälfte der 1980er Jahre. Eine neue Wahrnehmung von Menschen anderer Kulturen gewann an Gewicht, mit der sie nicht länger Objekte von Mitleid sein

[15] Die interkulturelle Bildungsarbeit hat eine eigene Tradition und Geschichte, deren Impulse wurden von der entwicklungspolitischen Bildung aufgenommen.

sollten. Die Menschen der Dritten Welt sollten nicht nur als arm und unterdrückt, sondern auch als reich und selbstbewusst dargestellt werden, denn eine Katastrophenpädagogik weckt nur Vermeidungsreaktionen (vgl. Jakob/Siebert zit. nach Scheunpflug/Seitz 1995a: 231). Als Persönlichkeiten mit einer wertvollen Kultur regten sie nun zu einer spannenden Kommunikation an. Andere Kulturen konnten über ihre Literatur, ihre Kunst und ihre Küche zum Erlebnis werden (vgl. Scheunpflug/Seitz 1995a: 86f u. 142ff). Eine neue Perspektive eröffnete sich, indem es nicht mehr „Lernen über die Dritte Welt", sondern „Lernen von der Dritten Welt" hieß. Es ging darum, dass traditionelle Lebensweisen ökologischer sind als unsere industrielle Lebensweise. Dieser neue Zugang zu den Menschen in der Dritten Welt, sollte zu emotionaler Verbundenheit, zu Sympathie und Zuneigung führen (vgl. Bernhauser/Stockheim 1984: 10 u. 16).
Außerdem sollte sich interkulturelles Lernen an einer positiven, konkreten Utopie orientieren, die ermutigt und Kreativität freisetzt.
Dazu kam, dass handlungsorientierte Ansätze vermittelt wurden. Dafür entwickelten die „Aktion-Dritte-Welt-Handel" bzw. der „Kirchliche Entwicklungsdienst" die multimedialen Baukästen wie z.B. den „Gewürzkoffer", die „Kakaokiste" oder den „Kaffeeparcours". Mit diesen Baukästen sollte sinnlich erfahrbar werden, welche Zusammenhänge es in der Weltwirtschaft gibt. Sie waren typisch für die 1980er Jahre, in denen auf den Angebots- und Aufforderungscharakter der Materialien großen Wert gelegt wurde. Die Unterrichtsmaterialien motivierten dazu, Aktionen zu starten, Konsumverzicht einzuüben usw..
Außerdem wurde die Ökologie das Schlüsselthema dieser Jahre und verband sich mit der Sichtweise von der „Einen Welt", in der wir alle in einem Boot sitzen. Der Energieverbrauch des Nordens wurde als Fehlentwicklung gedeutet (vgl. Scheunpflug/Seitz 1995: 236ff).
Der Blick auf die Entwicklungstheorien wurde durch die politische Wirklichkeit verändert. Die von den Dependenztheoretikern vertretene These, dass

Entwicklung nur durch Abkopplung vom Weltmarkt möglich sei, wurde durch die Realität widerlegt. Damals galten Albanien und Nordkorea als hoffnungsvolle Beispiele einer vom Weltmarkt abgekoppelten Gesellschaft. Die als Vorbilder gedachten sozialistischen Staaten sind jedoch alle mehr oder weniger gescheitert. Die VertreterInnen der Dependenztheorie haben einseitig die Ursachen von Unterentwicklung mit deren Einbindung in den Weltmarkt begründet. Die Dependenztheorien wurden relativiert, weil sie nicht nur die Gestaltungs- und Veränderungskraft von Politik, Menschen und Kulturen, sondern auch die Chancen des Weltmarkts unterschätzten (Nuscheler 2005: 218).

Die Modernisierungstheorie und die Dependenztheorie bestanden nebeneinander und spalteten die Entwicklungsforscher und die „Dritte Welt-Bewegten" in feindliche Lager. Gegen Ende der 1970er Jahre verschwammen die klaren Abgrenzungen, weil wechselseitig Inhalte des jeweils anderen integriert wurden. In den 1980er Jahren wurde dann in Frage gestellt, ob es überhaupt global gültige Theorien für Entwicklung geben könne. Das „Ende der großen Theorie" und die Krise der Entwicklungstheorie wurden eingeläutet (vgl. Menzel 1992). Nach Nuscheler war es ein „schwieriger Suchprozess, in dem wir uns zu der Erkenntnis durchringen mussten, dass es keinen allumfassenden, alles erklärenden Begriff von Unterentwicklung gibt. Um Unterentwicklung zu erklären, müssen die jeweils verschiedenen historischen, natürlichen und ökonomischen, gesellschaftlichen und politischen, kulturellen und anthropologischen Komponenten beachtet werden. Gleichzeitig müssen deren ursächliche Wechselbeziehungen und die internationalen Rahmenbedingungen mit einbezogen werden" (Nuscheler 2005: 223f).

Für die Bildungsarbeit war das „Ende der großen Theorie" ein wichtiger Einschnitt. Um der komplexen Wirklichkeit gerecht zu werden, konnten nicht länger einfache Lösungen präsentiert werden. Daher wandte man sich von den großen ideologisch geprägten Entwürfen ab, und stellte eher einzelne

Probleme in den Mittelpunkt, für die pragmatische Lösungen gesucht wurden. Es wurde nach den Nahtstellen zwischen Dritter und Erster Welt gesucht, an denen man mit der Veränderung ansetzen konnte. Dazu stellte Nuscheler allerdings fest, dass dieses „Ende der großen Theorie“ nicht bei allen Praktikern der Dritte-Welt-Szene angekommen ist. Teilweise hätten diese immer noch die einfache Antwort aus den 1970er Jahren parat, nach der die Dritte Welt arm ist und immer ärmer wird, weil sie von der reichen Welt ausgebeutet wird (vgl. Nuscheler 2005: 208). Zusätzlich zu dieser Erklärung müsse auch nach Ursachen gefragt werden, die in den Entwicklungsländern selbst liegen. Die nachkoloniale Geschichte zeige, dass die verschiedenen Gesellschaften die Erfahrung des Kolonialismus unterschiedlich verarbeitet hätten. Zum Beispiel erreichten die fernöstlichen Tigerstaaten eine rasante Entwicklung, obwohl auch sie auf eine brutale imperialistische Kolonialgeschichte mit Japan zurückblickten. Afrika ist durch die Kolonialisation ausgebeutet worden, aber die nachkolonialen Regierungen haben diese Ausplünderung fortgesetzt. Sie förderten die Exportproduktion auf den besten Böden zur Devisenbeschaffung und vernachlässigten die Selbstversorgung mit Nahrungsmitteln. Die Bauern wurden weiter ausgenutzt. Die geringe Bereitschaft der Bauern mehr zu produzieren, lag nicht in deren „traditioneller“ Apathie oder Lernunfähigkeit, sondern in der staatlichen Preispolitik. Inzwischen wächst auch in Afrika die Selbstkritik. (vgl. Nuscheler 2005: 213).

2.5. Globales Lernen

1990 begann mit dem Kölner Bildungskongress die neue Ära des Globalen Lernens. Unter dem Motto: „Der Nord-Süd-Konflikt – Bildungsauftrag für die Zukunft“ trafen sich 600 TeilnehmerInnen aus Nichtregierungsorganisationen, aus den Kultus- und Entwicklungsministerien von Bund und Ländern und aus den Schulen. Seitz bezeichnet diesen Kongress als das Ende der alten, auf das Nord-Süd-Gefälle fixierten, aufklärerischen Didaktik einer entwicklungspolitischen Bildung. Deren Weltsicht war vom Ost-West-Gegensatz beherrscht, wobei die Dritte Welt nur als ein abgeleiteter Restbegriff in den Blick kam. 1990 ist diese Weltsicht von der politischen Wirklichkeit überholt worden. Der Bezug auf die „Dritte Welt" wurde auch deshalb unzutreffend, da sich die Länder, die darin zusammengefasst wurden, immer mehr auseinander entwickelten und nicht mehr als einheitlich zu betrachtende Gesellschaften gelten konnten. Außerdem waren gesellschaftliche Entwicklungskrisen nicht länger ein Problem allein der fernen Dritten Welt. Die Industriestaaten gerieten selbst in den Brennpunkt der Entwicklungsproblematik. Deren industriegesellschaftliches Entwicklungsmodell gefährdete die natürlichen Lebensgrundlagen. Das westliche Konsumniveau war nicht länger universalisierbar und führte in anderen Teilen der Welt zu Armut und Ungerechtigkeit. Außerdem war nun der Norden zunehmend von Prozessen ungleicher Entwicklung betroffen, von Massenarbeitslosigkeit und neuer Armut. Das Ende des Begriffes „entwicklungspolitische Bildungsarbeit" ist zeitgemäß, denn mit „Entwicklung" ist die problematische Bedeutung einer nachholenden Entwicklung gemäß dem Vorbild der Industriestaaten verbunden (vgl. Bühler 1996: 64).

Was versteht man unter Globalem Lernen und was ist das Ziel dieser Konzepte? Es gibt keine allgemeingültige Definition darüber, was Globales Lernen ist. Die AutorInnen der seit den 1990er Jahren publizierten Konzepte Globalen Lernens sind auf unterschiedliche Weise an das Thema herangegangen. Aber es gibt Gemeinsamkeiten vor, die sich in den meisten Konzepten wiederfinden lassen. Die Konzepte stimmen weitgehend in ihrem Ziel des Globalen Lernens überein. Im „Jahrbuch Globales Lernen 2007/2008" schlägt Krämer eine Definition vor, die folgendes Ziel festlegt: „Globales Lernen unterstützt den Erwerb von Kompetenzen, die wir brauchen, um uns in der Weltgegellschaft – heute und in Zukunft – zu orientieren und verantwortlich zu leben“ (Krämer in: VENRO 2007: 8).

Ähnliche Formulierungen findet man bei den meisten AutorInnen Globalen Lernens wieder (vgl. Schweizer Forum in: Bühler 1996, Fountain 2000, Forghani 2001, Scheunpflug/Schröck 2000, VENRO 2007).

In dieser Definition ist es das Ziel des Globalen Lernens, Kompetenzen zu erwerben. Darin spiegelt sich die Neuorientierung der jüngsten Zeit in der gesamten didaktischen Diskussion wieder, nach der man sich nicht länger an Defiziten und Problemen orientiert, sondern sich auf die Ressourcen und Kompetenzen ausrichtet. Es geht also nicht in erster Linie um die Bewältigung von Weltproblemen, sondern darum, Persönlichkeiten auszubilden und Menschen zu stärken, damit sie in der Weltgesellschaft ein gelingendes und zugleich verantwortungsvolles Leben führen können. Globales Lernen ist eine radikale Umstellung aller Erziehungsinhalte auf eine globale Perspektive mit dem Ziel der Gerechtigkeit, Nachhaltigkeit und Zukunftsfähigkeit. Es nimmt Impulse aus der Friedenserziehung, der Umweltbildung, der interkulturellen Erziehung und der entwicklungspolitischen Bildung auf und vereint sie zu einem Gesamtkonzept (vgl. Forghani 2004: 3). Im „Orientierungsrahmen für den Lernbereich Globale Entwicklung“ werden die Kompetenzen entlang der drei Schritte des Globalen Lernens aufgeschlüsselt:

1. Erkennen

Kompetenzen: Informationsbeschaffung und -verarbeitung, Erkennen von Vielfalt, Analyse des globalen Wandels, Unterscheidung gesellschaftlicher Handlungsebenen,

2. Bewerten

Kompetenzen: Perspektivenwechsel und Empathie, kritische Reflexion und Stellungnahme, Beurteilung von Entwicklungsmaßnahmen,

3. Handeln

Kompetenzen: Solidarität und Mitverantwortung, Verständigung und

Konfliktlösung, Handlungsfähigkeit im globalen Wandel, Partizipation und Mitgestaltung, (BMZ/KMK: 2010: 82)

Außer den Kompetenzen als dem Ziel des Globalen Lernens gibt es übereinstimmende Kernaussagen in den Konzepten Globalen Lernens:

- In allen Konzepten bezieht sich der Begriff „Global" einerseits darauf, dass eine zukunftsfähige Entwicklung für alle Menschen nur möglich wird, wenn Veränderungen auf globaler Ebene, also von allen Staaten, Kommunen und den einzelnen Menschen umgesetzt werden.
- Andererseits steht der Begriff „Global" auch für die ganzheitlichen Methoden, mit denen Globales Lernen vermittelt werden soll (vgl. Bühler 1996: 197/ Selby 2003: 15). Sie sollen alle Sinne ansprechen und dazu beitragen, emotionale und soziale Fähigkeiten zu entwickeln.
- Die Weltprobleme werden als komplex wahrgenommen. Umwelt- und Friedenserziehung, interkulturelle und entwicklungspolitische Bildung verfolgen nun innerhalb des Globalen Lernens miteinander verflochtene und sich gegenseitig beeinflussende Ziele.
- Der politische und soziale Bezugsrahmen des Globalen Lernens ist neu: statt um die Ost-West-Konfrontation und statt um den Gegensatz reicher Norden und armer Süden geht es um Arm und Reich in der Weltgesellschaft.

Kritisch anzumerken ist, dass das was heute allgemein zum Globalen Lernen gedacht wird, unter einer eklatanten Geschichtslosigkeit leidet (vgl. Seitz 2002). Der aktuelle Diskurs über das Globale Lernen könnte sehr davon profitieren, wenn er stärker in der Reflexion der Geschichte verankert wäre. Aus der entwicklungspolitischen Bildung und aus der globalisierungskritischen Bewegung müssen daher folgende Kernaussagen ergänzt werden:

- Der Kolonialismus ist eine geschichtliche Ursache von Unterentwicklung und wirkt bis heute in ungerechten Welthandelsstrukturen weiter.

- Der neoliberalen Globalisierung ist Widerstand entgegenzusetzen. Der internationale Raum muss demokratisiert werden nach den Maßstäben von sozialer Gerechtigkeit und von Nachhaltigkeit.

Dieser kritische Blick auf die Machtverhältnisse in der Weltgesellschaft fehlt in den meisten Konzepten des Globalen Lernens. Nur bei Selby und Rathenow findet sich folgende Aussage: „Unserer Auffassung nach ist Globales Lernen transformatorisches, das heißt auf persönliche und gesellschaftliche Veränderung gerichtetes Lernen, das sich explizit gegen wirtschaftliche, politische und gesellschaftliche Asymmetrien und strukturelle Gewaltverhältnisse auf nationaler und internationaler Ebene wendet" (Selby/Rathenow 2003: 10). Rassismuskritisch ist weiter danach zu fragen, wie die AutorInnen der Konzepte Globalen Lernens Ursachen, Formen und Auswirkungen von innergesellschaftlicher und globaler Ungleichheit beschreiben. Geißler-Jagodzinski stellt fest, dass die für das Globale Lernen wesentliche Geschichte der europäischen Kolonisierungspolitik verschwiegen wird, und dass auch der Rassismus, der diese legitimierte, nicht thematisiert wird. „Die Interpendenzen der ´Weltgesellschaft´ unabhängig von den Kolonialisierungen und den mit ihnen verbundenen und bis heute wirksamen Macht- und Herrschaftsstrukturen zu beschreiben, heißt letztendlich enthistorisierend nach Ursachen für Ungleichheiten zu suchen, mit denen ´wir ´ nicht zwangsläufig zu tun haben. Anders lässt sich die nahezu völlige Auslassung der deutschen und europäischen Kolonialgeschichte in den Konzeptionen nicht erklären. (...) Die Frage, warum sich Jugendliche für das interessieren sollten, was irgendwo auf der Welt passiert, und warum sie gegen Ungleichheiten aktiv werden sollten, von denen sie sich, wenn überhaupt, nur durch Vorteile berührt fühlen, ließe sich vielleicht mit einer historisch hergeleiteten ´Verantwortung´ für die über die Jahrhunderte entstandenen sozialen Ungleichheiten beantworten. Das scheint mir zumindest angemessener als entweder Ungleichheit zu moralisieren oder es den Lernenden völlig freizustellen, ob sie mit den Ungerechtigkeiten in der

´Weltgesellschaft´ einen Umgang finden wollen. Dabei sind die letztgenannten pädagogischen Haltungen auch die ´attraktiveren´ für die BildnerInnen des Globalen Lernens – auch ihnen ermöglichen sie die Illusion ihres freiwilligen Engagements für eine gute Sache, anstatt einer selbst- und privilegienkritischen Herangehensweise aus einer Motivation reflektierten Unrechtsbewusstseins" (Geißler-Jagodzinski 2007: 47).

Aus der Auslassung der historischen und gegenwärtigen Ungerechtigkeiten folgt eine paternalistische Haltung gegenüber den Menschen in Afrika, Asien und Lateinamerika. Mit ihr sind Motivationen wie „Helfen wollen" oder „Gutes tun" verbunden. Auf diese Weise werden Machtstrukturen gegenüber den fernen Mitmenschen reproduziert. Diese Motivationen finden sich aber weiterhin in den Konzepten Globalen Lernens. Aus Sicht einer nichtrassistischen, entwicklungspolitischen Bildungsarbeit soll stattdessen die Motivation entstehen, sich mit dem Wissen um die historischen und gegenwärtigen Unrechtsstrukturen für mehr Gerechtigkeit zu engagieren und eine partnerschaftliche Haltung gegenüber den Mitmenschen in Afrika, Asien und Lateinamerika einzunehmen (vgl. Geißler-Jagodzinski in Massing 2007: 42).

Teil 2: Ein Konzept für Globales Lernen in der Jugendarbeit

Wenn JugendreferentInnen in der Jugendarbeit das Globale Lernen fördern, regen sie damit die Jugendlichen an, ihr Christsein in den zentralen Herausforderungen unserer Zeit zu verwirklichen. Jim Wallis sagte dazu: „Die Kirche des Westens muss heute notwendigerweise ein Kirche des Widerstands sein.“ (Wallis 1983: 172) Damit Jugendliche zu Trägern eines solchen Widerstands werden können, bedarf es tiefgreifender Wandlungen ihres Herzens und ihres Denkens. Zunächst geht es darum, die im Westen verloren gegangene Dimension der Bibel wieder zu entdecken, die die Leidenschaft Gottes für die Armen widerspiegelt. Dieser neue Blick in die Bibel zeigt uns Christen, dass wir einen Auftrag für die Armen in dieser Welt haben. Dieses Konzept für Globales Lernen zeigt darüber hinaus Wege auf, wie Jugendliche zu einer Reise nach innen und nach außen eingeladen werden können, die zu einer Transformation des Einzelnen, der Gemeinde und der Gesellschaft führt.

1. Die Bibel neu entdecken

Wer sich mit der globalen Ungerechtigkeit und der extremen Armut in den Ländern des Südens beschäftigt, kommt zu der Frage, wie Gott all dieses Leiden aushält. Ist er nicht der Schöpfer aller Menschen, der jeden Einzelnen liebt? Was aber ist mit denen, die täglich verhungern und denen, die ein Leben lang wie Sklaven schuften? Wie geht es Gott, wenn er die Millionen Kinder sieht, die Tag für Tag arbeiten müssen, damit sie überleben? Wenn wir in die Bibel schauen, finden wir einen Gott, der leidenschaftlich auf der Seite der Armen steht. Für die Christen der Basisgemeinden in Lateinamerika, die unter extremer Armut und Ausbeutung leiden, ist die Exodusgeschichte zum

Schlüssel für ihre Situation geworden. Da heißt es: „Ich habe gesehen, wie schlecht es meinem Volk in Ägypten geht, und ich habe auch gehört, wie sie über ihre Unterdrückung klagen. Ich weiß, was sie dort erleiden müssen. Darum bin ich gekommen, um sie aus der Gewalt der Ägypter zu retten.“ Die Christen in Lateinamerika haben einen Gott in der Bibel gefunden, der auf der Seite der Armen steht. Sie schöpfen für ihren Alltag und ihren Kampf gegen Ungerechtigkeit Kraft aus den biblischen Geschichten. Wir Christen in den westlichen Ländern können diesen Gott auch entdecken. Die Micha-Initiative hat eine Bibel herausgegeben, in der über 3000 Bibelstellen markiert sind, in denen es um Armut und Gerechtigkeit geht! Die Propheten im Alten Testament klagen die Israeliten wegen ihres Götzendienstes und der sozialen Ungerechtigkeit an und rufen zur Umkehr auf. Gott spricht durch Jesaja angesichts der religiösen Fastentage in Israel: „ Nein - ein Fasten, das mir gefällt, sieht anders aus: Löst die Fesseln der Menschen, die ihr zu Unrecht gefangen haltet, befreit sie aus dem drückenden Joch der Sklaverei, und gebt ihnen ihre Freiheit wieder! Schafft jede Art von Unterdrückung ab!“ (Jesaja 58.6) Amos richtet dem Volk Israel folgende Nachricht von Gott aus: „Ich hasse eure Feiern, geradezu widerwärtig sind sie mir, eure Opferfeste verabscheue ich. ... Eure lauten Lieder kann ich nicht mehr hören, verschont mich mit Eurem Harfengeklimper. Setzt euch lieber für die Gerechtigkeit ein! Das Recht soll das Land durchströmen wie ein nie versiegender Fluss.“ Und Gott stellt klar, dass er einen gerechten Handel will: „Hört zu, die ihr die Armen unterdrückt und die Wehrlosen zugrunde richtet! Ihr sagt: Wann ist das Neumondfest endlich vorbei? Wann ist die Sabbatruhe bloß vorüber, damit wir die Kornspeicher wieder öffnen und Getreide verkaufen können? Dann verkleinern wir das Getreidemaß und machen die Gewichte auf der Waage schwerer, wo die Käufer ihr Silbergeld abwiegen. Auch die Waage selbst stellen wir falsch ein. Bestimmt können wir sogar noch den Getreideabfall verkaufen! Ihr macht die Armen schon zu Sklaven, wenn sie euch nur ein Paar Schuhe nicht bezahlen können.“ Dieser Gott hat die

Kolonisationen der Europäer in Afrika, Amerika und Asien gesehen. Als die afrikanischen Sklaven in Amerika mit dem Gott ihrer Sklavenhalter bekanntgemacht wurden, geschah eins der Wunder der Kirchengeschichte: Sie schauten hindurch bis zu dem Gott, der in Wahrheit auf ihrer Seite steht und schöpften ihre Kraft aus dem Wissen um die Verheißung der Befreiung.
Bis heute profitieren die westlichen Industriestaaten von den weiterwirkenden ungerechten Weltwirtschaftsstrukturen. Und Gott steht auf der Seite der Armen! Was bedeutet das für uns Christen auf der Gewinnerseite der Globalisierung? Jesus lädt uns ein, mit ihm den Weg zu den Armen zu gehen. Die Evangelien zeigen ihn, wie er sich den Armen und an den Rand gedrängten zuwendet. Lukas berichtet, wie Jesus in Nazaret seinen Auftrag verkündigt: „Der Geist des Herrn ist bei mir, darum weil er mich gesalbt hat, zu verkündigen das Evangelium den Armen; er hat mich gesandt zu predigen den Gefangenen, dass sie los sein sollen, und den Blinden, dass sie sehend werden, und den Zerschlagenen, dass sie frei und ledig sein sollen, zu verkündigen das Gnadenjahr des Herrn.“ (Lukas 4, 18-19) Und was geschieht, wenn Jesus den Reichen begegnet? Zachäus rief aus: „Die Hälfte meiner Güter gebe ich den Armen, und wenn ich jemand betrogen habe, das gebe ich vierfältig wieder!“ (Lukas 19,8) Und Jesus sagt dazu: „Heute ist diesem Haus Heil widerfahren.“ (Lukas 19,9) Auf der einen Seite geht es um die Befreiung der Armen, und auf der anderen Seite um die Befreiung der Reichen aus der Gefangenschaft ihrer Güter und der Ungerechtigkeit, in die sie verstrickt sind. Und wie wirkte sich diese Sicht auf die Christen in der ersten Gemeinde aus? Da heißt es: „Alle aber, die gläubig geworden waren, waren beieinander und hatten alle Dinge gemeinsam. Sie verkauften Güter und Habe und teilten sie aus unter alle, je nach dem es einer nötig hatte.“ (Apostelgeschichte 2, 44-45) Das war eine direkte Folge der Erfahrung des Heiligen Geistes, dessen befreiende Kraft bis in die Besitzverhältnisse hineinwirkt. Richard Foster schreibt, „dass diese Menschen so vom Leben im Geist ergriffen wurden, dass es sie in allen Bereichen veränderte. ... Die

Schrift bezeugt ganz klar, dass mehr als guter Wille und Willensstärke nötig sind, unsere egoistischen, von Gier gefangenen Persönlichkeiten in eine Gemeinschaft von Leuten zu verwandeln, die niemanden ausschließen, sondern alle lieben und mit allen teilen.“ (Foster: 1985: 48) So wie die Armen in Lateinamerika den Gott der Bibel entdeckt haben, der auf ihrer Seite steht, können auch wir entdecken, was er uns als den Reichen zu sagen hat. Es ist der Ruf in die Freiheit und an die Seite der Armen. Diese Botschaft gilt es hinein zu buchstabieren in unseren Alltag im globalen Dorf.

Was heißt Christsein in unserer konkreten geschichtlichen Situation? Welchen Auftrag haben wir als Christen angesichts der extremen Armut weltweit? Am Anfang steht die Verwandlung des inneren Menschen. In der Nachfolge Jesu wird die persönliche, die soziale, die geistliche, die wirtschaftliche, die seelische und politische Dimension des Menschen verwandelt (vgl. Wallis 1984: 28). Ausgehend vom einzelnen, veränderten Menschen wird dann auch die Veränderung ungerechter wirtschaftlicher und politischer Strukturen möglich. Darüber öffnet sich der Horizont bis zur Neuschöpfung der ganzen Welt, in der sich „Frieden und Gerechtigkeit küssen werden“ (Psalm 85.11)

2. Das Ziel des Globalen Lernens

Wenn wir uns mit den Zusammenhängen von Armut und Reichtum in unserer globalisierten Weltgesellschaft auseinandersetzen, stehen wir vor komplexen und vielfältigen Wissensfeldern. Umso wichtiger ist es, sich auf das entscheidende Ziel des Globalen Lernens zu konzentrieren: Nach Krämer ist es das Ziel des Globalen Lernens die Kompetenzen der Jugendlichen zu globalen Herausforderungen auszubilden. Dies ist allerdings kritisch zu hinterfragen! Aus der Geschichte der entwicklungspolitischen Bildungsarbeit kommt man zu einem anderen Ziel. Dort ging es darum, eine Verbindung zu den fernen Mitmenschen wachsen zu lassen. Von dieser Verbindung zu den

fernen Mitmenschen müssen alle anderen Aspekte Globalen Lernens, also auch die Kompetenzen gedacht werden.
Auch aus christlicher Sicht sollte nicht ein selbstbezogenes Ziel im Vordergrund stehen. Das Leitmotiv des christlichen Lebens ist die Liebe. Als Jesus gefragt wurde, was das höchste Gebot ist, antwortete er: "Liebe Gott, den Herrn, von ganzem Herzen, mit ganzer Hingabe und mit deinem ganzen Verstand! Das ist das erste und wichtigste Gebot. Ebenso wichtig ist aber das zweite: Liebe deinen Mitmenschen, so wie du dich selber liebst!" (Matth. 22. 37-39) Mit diesem Gebot waren die Mitmenschen im unmittelbaren Umfeld gemeint. Diese Liebe zum Mitmenschen erweitert sich nun mit dem Globalen Lernen auch auf die fernen Mitmenschen, denen man nicht persönlich begegnet. Das Ziel des Globales Lernen ist es, das eine Verbindung zu den fernen Mitmenschen und zur Schöpfung wächst, die von tätiger Nächstenliebe geprägt ist und zu einem verantwortlichen Lebensstil führt. Diesem Ziel untergeordnet sind dann die dafür nützlichen Kompetenzen des Globalen Lernens. Diese Definition knüpft an die Tradition der entwicklungspolitischen und der ökumenischen Bildungsarbeit an. Die Begegnung mit den ChristInnen des Südens war die Initialzündung für die ökumenische Bildungsarbeit des Ökumenischen Rates der Kirchen. Die erste Form der Bildungsarbeit waren die Jugendbegegnungen, die das Ziel hatten, Jugendliche durch die Beziehung zu Jugendlichen aus dem Süden zum Engagement herauszufordern. Auch die Weltladenbewegung lebt von der Solidarität mit den fernen Mitmenschen. Der alte Slogan: „Eure Almosen könnt ihr behalten, wenn ihr uns gerechte Preise zahlt!" drückte Verbindung aus, die zur Verantwortung herausfordert. In den 1980er Jahren war es der neue Ansatz der interkulturellen Didaktik, der die Verbindung zu den Menschen des Südens in den Mittelpunkt stellte. Wir können von ihnen lernen – das war die zu vermittelnde Erkenntnis. Außerdem sollte emotionale Verbundenheit, Sympathie und Zuneigung zu den Menschen des Südens entstehen. Globales Lernen sollte diesen Reichtum an Erfahrungen aus der

entwicklungspolitischen Bildung aufnehmen und weiterentwickeln. Dazu kommt, dass aus der Sicht einer nicht rassistischen, entwicklungspolitischen Bildungsarbeit das selbstbezogene Ziel, die eigenen Kompetenzen zu steigern, kritisch zu hinterfragen ist. Ist die zu erlangende Kompetenz das Ziel Globalen Lernens, geht es vor allem darum, selbst eine höhere Bildung zu erlangen und selbst einen Gewinn davon zu haben. So gerät das Globale Lernen in die Gefahr, wie ein Konsumartikel angeboten zu werden, der die eigenen Bedürfnisse bedient. Das entspricht dem Muster einer vom Kapitalismus geprägten Kultur. Die meisten Dinge werden heutzutage nur als Mittel betrachtet, das eigene Ich zu erweitern oder zu bereichern (vgl. Rohr 1990: 28). So kann z.B. die Reise in den Süden der Suche nach sich selbst dienen. „Dort lassen sich – z.B. in der geschützten und privilegierten Rolle des ´Projektpartners´ – auch andere Lebensweisen und Identitäten proben, der Aufenthalt gibt uns eine ungewohnte, erfrischende Bedeutsamkeit. Als Vertreter des hegemonialen Nordens statten wir den ´Hilfsbedürftigen´ unseren Besuch ab, begeben uns eine Weile zu ihnen, mischen uns unter diejenigen, mit denen wir im normalen Leben niemals Kontakt haben würden – Bauern, Obdachlose, Straßenkinder – und suchen dafür insgeheim Anerkennung und Lob. ... (Auch) der Gewinn an eigener interkultureller Kompetenz beispielsweise ist persönlich und bildungsmäßig nicht hoch genug einzuschätzen“ (van Baaijen 2007: 62 und 64). Die selbstbezogenen Beweggründe beim Globalen Lernen zu erkennen, gehört zum Prozess der Persönlichkeitsreifung. Wer begreift, dass sein Engagement mit seiner Abenteuerlust oder seinem Erfolgsbedürfnis zusammenhängt, hat schon den ersten Schritt getan, um diese Bedürfnisse angemessen zu integrieren. Anstelle eines nur selbstbezogenen Lernens gelangt man so zum Globalen Lernen, das zur Hinwendung zu den fernen Mitmenschen führt.[16] Aus dem

[16] Dazu lohnt sich wieder ein Blick in die Geschichte. Der wechselhaften Solidarität der 68er Bewegung lag eine selbstbezogene Projektion zugrunde, nämlich der eigene Wunsch nach einer sozialistischen Gesellschaft. So wie damals das Interesse von einer Befreiungsbewegung zur anderen wechselt, ist bei einem nur selbstbezogenen Ziel, nämlich Kompetenzen aufzubauen, mit geringer Frustrationstoleranz und Unverbindlichkeit zu rechnen.

Verbunden sein mit den fernen Mitmenschen erwächst das verantwortliche Handeln. Das entspricht der menschlichen Erfahrung in Beziehungen, in denen einer für den anderen Verantwortung und Fürsorge übernimmt. Man tut dies nicht, „weil es von außen gefordert wäre, sondern weil diese Verantwortung unmittelbar aus einer Beziehung heraus wächst, die als Geschenk, die als Gnade erlebt wird" (Fuchs 2005: 32). Genauso sind es nicht moralische Forderungen, die die Kraft für einen solidarischen Lebensstil geben, sondern das Verbunden sein selbst motiviert zum Handeln für die fernen Mitmenschen (vgl. Fuchs 2005: 32). Auch die Motivation für einen verantwortlichen Umgang mit der Schöpfung erwächst aus der Wertschätzung und emotionalen Verbunden sein mit der Natur.

Wie kann diese Verbindung zu den fernen Mitmenschen und die Wertschätzung der Schöpfung in den Jugendlichen wachsen? Damit ein emotionales Verbunden sein wachsen kann, muss es zu einer inneren Begegnung und einer Berührung der Herzens kommen. Es ist auch wichtig, Orientierungswissen zu vermitteln, also Zusammenhänge aufzuzeigen und Handlungsoptionen aufzuzeigen, die in den Medien kaum vorkommen. Die Erfahrung hat aber gezeigt, dass Informationen allein keine Veränderungen bewirken. Das Entscheidende ist nicht die Menge von aufgenommenem Wissen, sondern die Aufmerksamkeit des Herzens. Die Motivation zum Handeln entsteht aus eigener Betroffenheit. Bei der Fülle von Informationen und Nachrichten, die Jugendliche heutzutage aufnehmen, ist für die Beteiligung des Herzens oft kein Spielraum. Dazu aber können JugenreferentInnen Zeit geben und Ruhe schaffen. Im globalen Lernen geht also darum, Herz und Verstand anzusprechen. Beides lässt sich unterscheiden, kann aber nicht getrennt werden. Wenn Jugendliche sich entscheiden, etwas für mehr Gerechtigkeit zu tun, sind es nicht nur rationale Gründe oder der Verstand allein, der zur Entscheidung führt. Oft ist sogar umgekehrt: der Verstand sucht nach Gründen für das, was das Herz will – oder gar der Bauch. Emotionen bilden den Rahmen, innerhalb dessen wir

Argumente oder Alternativen bewerten. Ob wir eine Konsequenz ziehen, das entscheidet nicht unser Verstand, sondern das Herz. „Emotionen beeinflussen nicht nur, ob wir ein Handeln als richtig wahrnehmen, sondern auch, wie wir uns zu dessen Umsetzung motivieren. Für eine Option, auf die ich mich freue, finde ich gute Gründe, und ich gewichte die Argumente, die dagegen sprechen, weit weniger hoch; ja, ich werde von vornherein mehr Gründe für diese Alternative finden." (Waldmüller 2008: 20)

3. Die pädagogische Haltung

Nach diesem Blick auf das Ziel des Globalen Lernens geht es um die JugendreferentInnen, die das Globale Lernen gestalten. Welche Haltung nehmen JugendreferentInnen gegenüber den Jugendlichen ein? Wie ist ihr Rollenverständnis und was ist ihre Aufgabe?

Ein bis heute für eine gescheiterte Herangehensweise stehender Begriff ist der „moralische Zeigefinger". Wie der Ausdruck schon sagt, drückt sich darin eine Haltung aus, die sogar körperlich sichtbar werden kann. Es stellt sich jemand über andere und macht ihnen ein schlechtes Gewissen. Der „moralische Zeigefinger" entspricht einer vorwurfsvollen Haltung, die andere verurteilt. Das hört sich vielleicht so an: „Wie ihr hier lebt, das habt ihr nicht verdient. Ihr lebt auf Kosten der armen Menschen weltweit, die ausgebeutet werden. Eure Markenklamotten sind von jungen Frauen genäht, die wie Sklavinnen arbeiten müssen! Ich kaufe diese Kleidung nicht, sondern protestiere dagegen. Das müsst ihr auch tun, sonst seid ihr mitschuldig, dass diese Frauen ausgebeutet werden!" Außer der überheblichen Haltung (Zeigefinger) liegt darin eine Schuldzuweisung (moralisch). Und es kommt zum Ausdruck, dass die Zuhörer als Gegner wahrgenommen werden. Stattdessen ist es viel gewinnender, die Zuhörer immer schon als Verbündete zu betrachten und auch so anzusprechen. Dann rechne ich damit, dass meine Zuhörer den gleichen Zorn empfinden angesichts dieser Ungerechtigkeiten wie ich selbst. Eine solche Haltung wirkt einladend und ansteckend.

Aber als VermittlerInnen der Globalen Lernens kommt man auch an eine Grenze. Jesus erzählt im Gleichnis vom Säemann, dass die, die den Samen des Wortes Gottes aussäen, es nicht in der Hand haben, ob der Samen aufgeht. Da heißt es in Markus 4, 18: „Der von Disteln überwucherte Boden entspricht den Menschen, die Gottes Botschaft hören und aufnehmen. Aber nur allzu schnell ersticken die Sorgen des Alltags, die Verführung des Wohlstandes und die Gier nach all den Dingen dieses Lebens Gottes Botschaft in ihrem Herzen, so dass keine Frucht wachsen kann. Aber es gibt auch fruchtbaren Boden: Menschen, die Gottes Wort hören und in ihr Leben aufnehmen, so dass es Frucht bringt, dreißigfach, sechzig fach oder hundert fach.“ Hier wird das Herz des Menschen als die Quelle der Veränderung gezeigt. Und es wird aufgezählt, was diese Quelle der Veränderung verstopfen kann: die Sorgen des Alltags, die Verführung des Wohlstandes, die Gier nach all den Dingen dieses Lebens. All dem sind auch die Jugendlichen heutzutage ausgesetzt. Es geht darum, dass sie auf ihrer inneren Reise die Gefährdungen des Herzens durch ihre eigene Betriebsamkeit und durch die Gesellschaft erkennen. Nur sie selbst haben es in der Hand, Schritte in die Freiheit zu gehen und ihr Leben für andere fruchtbar werden zu lassen.

Im Folgenden werden zwei Aspekte einer angemessenen Haltung in der Vermittlung des Globalen Lernens beschrieben: der Dialog und die Lernberatung. Um den Umgang mit der Moral und dem Unrechtsbewusstsein geht es später unter der Überschrift: Bekehrung im globalen Dorf.

4. Der Dialog

Anstelle einer Haltung, die von oben herab andere belehrt, soll beim Globalen Lernen eine dialogische Haltung eingenommen werden. Nach Paulo Freire´s „dialogischen Prinzip“ ist der Dialog die Quelle der Erkenntnis. Die PädagogInnen sollen nicht länger eine hierarchische Lehrerrolle einnehmen (vgl. Mädche 1995: 81). So wie im Globalen Lernen auf der inhaltlichen Ebene der Respekt gegenüber verschiedenen Kulturen und der Widerstand gegen jede Form von Hegemonien betont wird, so soll diese Haltung auch im Lernprozess verwirklicht werden. Das heißt, dass die Machtposition als Lehrperson aufgegeben wird. Das kommt unter anderem darin zum Ausdruck:

- dass der Auswertung einer Lernerfahrung genügend Zeit und Bedeutung beigemessen wird. Dabei soll zunächst die eigene Perspektive zurückgehalten werden, damit die Jugendlichen ihre Erfahrungen selbst auswerten können.
- dass man positiv auf die Gruppe zugeht, sie lobt und alle Beiträge wertschätzt.
- dass man das, was man „predigt“ auch selbst praktiziert.
- auch Sackgassen und Umwege im Lernprozess als Lernwege zu akzeptieren.
- wenn möglich, mit den Jugendlichen auszuhandeln, welche Themen behandelt werden und damit ihnen „das Wort zu geben“ (Célestin Freinet).
- gelegentlich den Jugendlichen zu erklären, dass man selbst mit und von ihnen lernt (vgl. Selby/Rathenow 2003: 32f).

Eine wesentliche Voraussetzung für den Dialog ist die Anknüpfung an die Ausgangslage der Lernenden. Hierzu lohnt sich ein Blick in die Geschichte der entwicklungspolitischen Bildung. Treml beschrieb 1982 in seinem

„Pädagogikhandbuch Dritte Welt“, wie die Vermittlung von Inhalten immer wieder scheiterte. Die informationsorientierte Didaktik hatte darauf gebaut, dass aus Informationen Einsichten folgen, die zu Handlungen führen. Auch die curricularen Ansätze mit der Festlegung von Lernzielen blieben in diesem Schema. Gegen dieses Schema kam in den 1970er Jahren Kritik auf. Es waren hauptsächlich drei Feststellungen:

1. Hauptproblem ist nicht die fehlende Information, sondern die Resignation
2. Wirksame Lernmotivation gibt es nicht ohne Betroffenheit
3. Einsicht bewirkt nicht automatisch ein entsprechendes Verhalten (vgl. Treml 1982: 26).

Alle drei Feststellungen weisen auf das Subjekt hin, das mit seiner Einstellung zum Thema den ausschlaggebenden Schlüssel zu dessen Aufnahme selbst in der Hand hält. Einstellungen sind verbunden mit Gefühlen und Gefühle sagen viel aus – über den Menschen, aber auch über die Situation. Über diese Gefühle in einen Dialog einzutreten, kann erst einmal sehr ungewohnt sein. Aber erst Gefühle, die bewusst reflektiert werden, können auch transformiert werden. Deshalb dürfen Gefühle nicht als Störungen außen vor gelassen oder nach draußen gedrängt werden, sondern sie sind ein wichtiger Teil des Prozesses der Wandlung des Herzens im Globalen Lernen. (vgl. Waldmüller: 2008: 21)

Ein Beispiel dafür sind Ohnmachtsgefühle, die angesichts der Größe der Probleme und des Ausmaßes des Leidens und der Ungerechtigkeit einen Menschen gefangen halten können. Wenn sich jemand dieses Gefühls bewusst wird, kann er es hinterfragen. Welche Einstellung steht dahinter? Dass man ja doch nichts ändern kann? Dass der Einzelne überfordert ist? Dann hilft es, sich damit auseinanderzusetzen, was jede/r einzelne tun kann und dass man sich mit anderen verbünden kann für ein konkretes Ziel. Am Beispiel der Weltladenbewegung kann man sehen, welche erstaunlichen Veränderungen schon möglich geworden sind.

Auch Bühler fordert in seinem Konzept Globalen Lernens, dass globales Lernen an den Erfahrungen und Problemen der SchülerInnen anknüpft und von da aus den globalen Horizont eröffnet. Bühler beschreibt den Unterricht, der früher eine Einbahnstraße vom Lehrer zum Schüler war, als gemeinsames Basteln (Bühler 1996: 253f). Jugendliche erhalten so die Möglichkeit, ihre Vorstellungen, Vorwissen Einstellungen und Erfahrungen zu äußern.

Ein Beispiel für das mögliche Vorwissen, über das man beim Globalen Lernen in den Dialog treten muss, sind die Bilder und Einstellungen, die in den Medien über globale Themen vermittelt werden. Neben der Schule spielen die Medien eine wohl noch größere Rolle in der Meinungsbildung zu globalen Themen. Sie vermitteln ein bestimmtes Vorwissen über Afrika, Asien und Lateinamerika, mit dem man in der deutschen Bevölkerung rechnen muss. Dieses Vorwissen wird durch folgende Mechanismen der Medien geprägt, die die Auswahl der Nachrichten betreffen:

- In den Medien ist die Nachricht eine zu verkaufende Ware. Deshalb wird nur das gesendet, was die Kunden interessiert. Das bedeutet, dass über Afrika, Asien und Lateinamerika nur berichtet wird, was für Europa wirtschaftlich oder politisch eine Rolle spielt.
- Es werden Ereignisse berichtet, also Naturkatastrophen, Umstürze und Krisen. Es werden kaum Zustände berichtet und es wird wenig über Zusammenhänge aufgeklärt (vgl. Tachau 1991: 201).

Insgesamt entsteht so vor allem ein von Katastrophen geprägtes Bild, das nicht die vollständige Realität transportiert. So wird die Lage in Afrika, Asien und Lateinamerika von der deutschen Bevölkerung pauschal negativ beurteilt. Bedeutende Fortschritte, die es gibt, werden nicht wahrgenommen. Außerdem wird aufgrund des geringen Gewichtes in den Medien die ökonomische, ökologische und politische Bedeutung der Länder Afrikas, Asiens und Lateinamerikas unterbewertet (vgl. Wilmsen 2000: 397). Leider können auch Hilfsorganisationen mit ihrer Öffentlichkeitsarbeit bei den

Jugendlichen koloniale und rassistische Denkmuster gefördert haben, die im Dialog bewusst gemacht und reflektiert werden müssen. Phillip hat die impliziten Botschaften der Bilder von Hilfsorganisationen analysiert und kam zu folgenden Ergebnissen: Schwarze und People of Colour (PoC) werden grundsätzlich anders abgebildet als Weiße. So werden Schwarze und PoC fast ausschließlich in der Natur dargestellt und damit auf Ursprünglichkeit und Natürlichkeit reduziert. Sie werden jenseits von „Zivilisation" und „Moderne" verortet. Die Menschen werden kaum als handelnde Subjekte dargestellt, sondern sind auf den Plakaten passiv oder Opfer. „Schwarze und PoC sieht man weder als Menschen, die ihr Schicksal selbst in die Hand nehmen und für Veränderungen eintreten (beispielsweise als politisch Handelnde) noch als HelferInnen für andere (etwa als ÄrtzInnen). Wenn Weiße auftauchen werden sie hingegen als HelferInnen gezeigt. Das Subjektsein der Schwarzen und PoC wird auch untergraben, indem die Nichtregierungsorganisationen oder eine bekannte weiße Persönlichkeit über sie sprechen. Als Subjekte würden die Schwarzen und PoC selbst sprechen können und wären mit Namen und Berufsbezeichnung als individuelle Person erkennbar. Stattdessen werden sie nicht als Individuen dargestellt, sondern zu Vertretern eines Kollektivs reduziert. Als solche werden sie permanent mit Not identifiziert und so als grundsätzlich defizitär dargestellt. Anstatt zum Beispiel koloniale oder neokoloniale Ursachen von Armut zu diskutieren und damit die Verursacher im Norden zu benennen, wird ´Schwarz´ mit ´hilfsbedürftig´ gleichgesetzt. ... So werden zwar Not und Hunger gezeigt, aber nicht Wohlstand und Reichtum. Die beiden Phänomene werden dadurch in einen falschen Zusammenhang gesetzt, nämlich dass Barmherzigkeit und nicht etwa Ausbeutung die zentrale Verbindung zwischen armen und reichen Menschen sei" (Philipp in Massing 2007: 35).

Damit sich die Jugendlichen ihrer Vorstellungen über Menschen aus dem Süden bewusst werden, können zum Beispiel Bilder verwendet werden, die Afrikaner als aktive Menschen darstellen. So werden den Jugendlichen ihre bisherigen Bilder und Vorstellungen zugänglich zur Veränderung und Erweiterung. In diesem Zusammenhang ist es auch eine gute Irritation alter Denkmuster, wenn AktivistInnen aus dem Süden von ihrem Kampf für soziale und wirtschaftliche Gerechtigkeit berichten.

3.2. Die Lernberatung

Zur dialogischen Haltung kommt die Lernberatung, als eine moderierende Haltung im Blick auf den Lerninhalt. Auch dafür hat Paulo Freire in Deutschland den Anstoß zu teilnehmerorientierten Lernprozessen gegeben, in denen die PädagogInnen den Lernprozess moderierten (vgl. Mädche 1995: 81). Damit verändert sich das Rollenverständnis der JugendreferentInnen auch im Blick auf den Lerninhalt. Sie sind nicht mehr die LehrerInnen, die den Inhalt referieren, sondern sie nehmen eine beratende Rolle ein. Als LernberaterInnen fördern und begleiten sie den Prozess des Lernens. Sie gestalten den Kontext, in dem nach didaktischen Gesichtspunkten gelernt wird (vgl. Siebert 2001: 119). Auch Scheunpflug und Schröck fordern in ihrem Konzept Globalen Lernens eine veränderte Rolle der LehrerInnen, zu der das echte Fragen, Nachfragen und Zuhören gehört. Dies ist auch in die Jugendarbeit übertragbar. Um den Jugendlichen Räume und Anlässe zum eigenverantwortlichen Arbeiten, Argumentieren, Vortragen und Diskutieren zu eröffnen, müssen sich die JugendreferentInnen entsprechend zurücknehmen. Sie stehen nicht mehr im Mittelpunkt, sondern beraten, steuern und koordinieren als ModeratorInnen den Lernprozess (vgl. Scheunpflug/Schröck 2000: 29).

4. Die beiden Reisen des Globalen Lernens

Wie können Jugendliche in eine Verbindung zu den fernen Mitmenschen und zur Schöpfung hineinwachsen? Selby und Rathenow beschreiben die beiden Bilder einer Reise nach innen und einer Reise nach außen als Weg des Globalen Lernens. Für Selby und Rathenow ist jede Reise nach außen gleichzeitig eine Reise nach innen. Mit der Reise nach innen beziehen sie sich auf unsere Bewusstseinsebenen, unser Denken, Fühlen und Handeln, die in und mit der Welt vernetzt sind. Mit der Reise nach außen ist z.B. die Auseinandersetzung mit globalen Themen, die Begegnung mit VertreterInnen des Globalen Südens oder eine wirkliche Reise ins Ausland gemeint. Beide Reisen berühren sich und wirken aufeinander ein. Wer eine andere Kultur kennen lernt, begreift auch viel über sich selbst. Einstellungen, die bisher als etwas Privates angesehen wurden, gewinnen auf einmal weltweite Bedeutung, wenn die Zusammenhänge zu Problemen auf anderen Erdteilen sichtbar werden. Eigene Voraussetzungen, Sichtweisen, Wertvorstellungen und Verhaltensweisen können erkannt, überprüft und gegebenenfalls geändert werden. "Die Reise nach innen, der oft nur nach Mühen und Unbehagen eine Einstellungsänderung folgt, lockt auch wieder zum Blick nach außen in die größere Welt. Es ist, als ob wir ständig Brücken schlügen vom kleinen Sein zum großen Sein und umgekehrt" (Selby/Rathenow 2003: 24). Auch Roszak spricht davon, dass es eine lohnende Herausforderung ist, sich selbst kennen zu lernen: „Wenn sich der Prozess der Entdeckung des Inneren und der eigenen Kraft behutsam entwickelt, werden wir gleichzeitig auch feinfühliger gegenüber den Prozessen, die sich in der Außenwelt ereignen. Der Blick nach innen führt organisch zu einer weiten Öffnung nach außen" (Roszak zit. nach Selby/Rathenow: 2003: 24).

Wie denken wir als Christen über diesen Zusammenhang zwischen innerer und äußerer Reise? Die innere Reise beginnt tief in uns, wenn wir Gott begegnen. Gott ist die Quelle der Liebe, von der wir leben und die wir weitergeben. Als Verwandelte wenden wir uns der Welt auf unserer Reise nach außen zu. Und diese Welt ist die ganz konkrete Welt des 21. Jahrhunderts mit ihrer globalisierten Weltgesellschaft. Wir sind als Christen der reichen Wohlstandgesellschaft aufgefordert Jesus nachzufolgen. Er will uns befähigen, solidarisch mit den Armen zu leben. Er ist der Befreier aus den Zwängen der Konsum- und Leistungsgesellschaft. Jesus will uns innerlich verwandeln und fordert uns zu einem neuen Lebensstil heraus. Er nimmt uns die Last der Sünde ab, in die wir durch ausbeuterische Strukturen verwickelt sind. Er gibt uns Hoffnung und Begeisterung, mit der wir in dieser Welt an seinem Reich bauen können und auch an der Transformation der Gesellschaft mitwirken.

4.1. Verbunden mit den fernen Mitmenschen

Das Ziel der inneren und äußeren Reise ist es, bei Jugendlichen eine Verbindung mit den fernen Mitmenschen wachsen zu lassen. Diese Verbindung wurzelt im Herzen, in den Emotionen und Gefühlen des Menschen. Wer sich im Herzen berühren lässt von den fernen Mitmenschen, der wird nach Möglichkeiten suchen, etwas für sie zu tun. Wer betroffen ist von ihrer Armut und der Ausbeutung, unter der sie leiden, der will daran etwas ändern. Wer mit ihnen leidet, empfindet Zorn über die strukturelle Ungerechtigkeit in der Weltwirtschaft. Die Verwandlung des Herzens geht einher mit einer Neuausrichtung des Geistes und des Denkens. So entsteht die Motivation, etwas über die globalen Zusammenhänge zu lernen, um selbst aktiv werden zu können.

Ein idealer Weg dieses Verbunden sein wachsen zu lassen, sind interkulturelle Begegnungen. Aber auch über Filme und Reportagen kann eine Verbindung zu den fernen Mitmenschen entstehen. Diese Verbindung soll einen partnerschaftlichen Charakter haben. Motivationen wie „Helfen wollen“ oder „Gutes tun“ müssen reflektiert werden, denn sie reproduzieren Machtstrukturen gegenüber den fernen Mitmenschen. Nichtrassistische entwicklungspolitische Bildungsarbeit motiviert dazu, sich für Gerechtigkeit gegenüber den fernen Mitmenschen zu engagieren (vgl. Geißler-Jagodzinski in Massing 2007: 42). Allerdings gibt es darüber hinaus auch dringenden Hilfsbedarf in Notstandsgebieten und Katastrophenfällen. Hier ist die Motivation zu Helfen berechtigt und wünschenswert.

4.2. Gott und sich selbst lieben

Eine Voraussetzung für die Zuwendung zum Mitmenschen ist die liebevolle innere Haltung sich selbst gegenüber. Nach dem Psychologen Rogers gewinnt derjenige mehr Verständnis und Akzeptanz für andere, der zuvor eine Identität mit sich selbst gewinnt (vgl. Rogers 1951). Der Franziskaner Rohr formuliert diese Einsicht so: „Wenn wir lernen, unsere eigene Seele zärtlich und liebevoll zu behandeln, dann werden wir dieselbe liebevolle Weisheit auch in die Außenwelt tragen können“ (Rohr 1992: 81). Dazu gehört es, die eigenen Grenzen anzuerkennen und ein ausgewogenes Leben zwischen Aktion und Ruhe zu führen. Hier kommt der andere Teil des jüdisch-christlichen Gebotes der Nächstenliebe zum Tragen: „Liebe Deinen Nächsten wie Dich selbst.“ Auch ich selbst soll mir Nächste sein, und mich lieben. Die Quelle dieser Liebe ist Gottes Liebe zu mir. Wer sich geliebt und geborgen weiß und selbst der unbedingten Annahme „inne“ geworden ist, der kann sich besser dem fernen Mitmenschen zuwenden und auch für sich selbst Sorge tragen (vgl. Fuchs 2005: 31).

4.3. Die Schöpfung wertschätzen

Der erste Teil des Apostolischen Glaubensbekenntnisses lautet: „Ich glaube an Gott, den Vater, den Allmächtigen, den Schöpfer des Himmels und der Erde," Auch die Bibel ist voll von Bezügen zur Schöpfung, den Pflanzen und den Tieren. In den Psalmen stimmt die Schöpfung in das Lob Gottes ein: „Der Himmel soll sich freuen und die Erde in Jubel ausbrechen! Das Meer mit allem was in ihm lebt, soll brausen und tosen! Der Acker freue sich mit allem, was auf ihm wächst! Auch die Bäume im Wald sollen jubeln, wenn der Herr kommt." (Psalm 96, Verse 11 bis 13) Für Paulus ist die Schöpfung ganz in die Heilsgeschichte Gottes einbezogen: „Darum wartet die ganze Schöpfung sehnsüchtig und voller Hoffnung auf den Tag, an dem Gott seine Kinder in diese Herrlichkeit aufnimmt. Ohne eigenes Verschulden sind alle Geschöpfe durch die Schuld des Menschen der Vergänglichkeit ausgeliefert. Aber Gott hat ihnen die Hoffnung gegeben, dass sie zusammen mit den Kindern Gottes einmal von Tod und Vergänglichkeit erlöst und zu einem neuen herrlichen Leben befreit werden. Denn wir sehen ja, wie die gesamte Schöpfung leidet und unter Qualen auf ihre Neugeburt wartet." (Römer 8, Verse 19 bis 22)
Wenn wir heutzutage die Schöpfung ansehen, dann ist ihr Leiden und ihre Qual vervielfacht gegenüber dem, was Paulus damals gesehen hat. Denken wir nur an die Massentierhaltung in der Millionen Tiere ein qualvolles Leben erleiden müssen. Dazu heißt es in den Sprüchen: „Ein guter Mensch sorgt für seine Tiere, der Gottlose aber behandelt sie grausam." (Sprüche 12. 10) Was folgt daraus für uns als Christen? Rob Bell beschreibt das christliche Erlösungsverständnis als eindimensional, wenn es bei der Erlösung nur um einen selbst geht.: „Ich werde gerettet. Ich bekomme meine Sünden vergeben. Ich werde mit Gott versöhnt. Die Bibel malt ein viel größeres Bild von der Erlösung. Die ganze Schöpfung soll erneuert werden. Der Verfasser des Epheserbriefes schreibt, dass alle Dinge unter die Herrschaft Christi

zusammengefasst oder vereint werden. Erlösung bedeutet, dass das gesamte Universum wieder in Einklang mit dem Schöpfer gebracht wird. Das hat gewaltige Auswirkungen darauf, wie Menschen die Botschaft Jesu darstellen. Ja, Jesus kann in unser Herz kommen. Doch wir können uns einer Bewegung anschließen, die so weit und tief und groß wie das Universum selber ist. Felsen und Bäume, Vögel und Sümpfe und Ökosysteme. Es ist Gottes Wunsch all das zu erneuern." (Bell 2006: 104) Am Anfang der Bibel steht der Schöpfungsbericht, in dem Gott zu allem sagt: "Es ist gut!" „Dann macht Gott Menschen, die er genau in die Mitte dieser gut ausgestatteten Schöpfung stellt und denen er aufträgt, für die Schöpfung zu sorgen, sie liebevoll zu nutzen und kreativ zu ordnen. Seine Worte sind Worte des liebevollen Dienens und des achtsamen Nutzens. Von Tag eins (eigentlich Tag sechs) an stehen sie in inniger Beziehung und Wechselwirkung mit ihrer Umwelt. Sie sind Umweltschützer. Sie sind zutiefst mit ihrer Umwelt verbunden. Etwas anderes zu sein oder ihre göttliche Verantwortung für Gottes Schöpfung zu leugnen hieße, etwas zu leugnen, das im Kern ihres Wesens liegt. Darum sind Müll und Umweltverschmutzung geistliche Angelegenheiten. Und bis dieser letzte Satz einen richtigen Sinn ergibt, haben wir noch nicht wirklich kapiert, was es heißt, Mensch zu sein und in Gottes Welt zu leben. Jeder ist ein Umweltschützer. Wir können nicht unabhängig von der Welt leben, in die Gott uns gestellt hat. Wir sind engstens verbunden. Durch Gott. (Bell 2006: 147f)

Wie aber kann man diese Dimension des Glaubens den Jugendlichen nahebringen? Jugendliche, die in der Stadt aufgewachsen sind, haben oft keinen Bezug zur Natur und sind ihr entfremdet. Um sie an eine emotionale Beziehung zur Natur heranzuführen, sind Wanderungen ein idealer Weg. Damit sie die Faszination der bedrohten Regenwälder erspüren, können Filme angesehen werden. Erst aus einem emotionalen Verbundensein mit der Natur und dem Wissen um ihr Bedrohtsein erwächst in den Jugendlichen ein achtsamer Umgang mit der Schöpfung und ein umweltfreundlicher

Lebensstil (vgl. Neumann 1999: 7). Die Jugendlichen sollen die Zusammenhänge zwischen der Nutzung der Natur für den Menschen und deren Zerstörung erkennen. Dabei werden die komplexen Zusammenhänge zwischen Umwelt und sozialer Entwicklung deutlich. Zum Beispiel kann anhand der Folgen des übermäßigen Fleischkonsums aufgezeigt werden, wie dieser einerseits zur Abholzung der Regenwälder und zur Beschleunigung des Klimawandels führt, und andererseits die Lebensgrundlagen und Ernährungssicherheit vieler Mitmenschen gefährdet. Allerdings kann eine Katastrophenpädagogik nicht motivierend wirken, sondern im Gegenteil sogar zur Resignation führen. Barkoff schlägt stattdessen vor, die Angst vor einer Zukunft, die wir fürchten, durch Bilder von einer Zukunft, die wir wollen zu überwinden (Barkhoff in: Kutsch 2002: 5).

4.4. Hoffnung und Begeisterung

Ein Herz, das von Hoffnung und Begeisterung erfüllt ist, dass eine andere Welt möglich ist, ist voller Energie zu handeln. (vgl. Baier 2004: 90, vgl. Appelt 2007: 66). Wir als Christen haben allen Grund dazu! Allerdings sind Hoffnung und Begeisterung gegenüber den globalen Problemen nicht sehr verbreitet und sehr gefährdet. Häufig überwiegen Ohnmachtsgefühle und Resignation gegenüber der weltweiten Armut und der Umweltzerstörung. Diese Gefühle müssen unbedingt wahrgenommen und reflektiert werden. Dann erst können sie transformiert werden durch die Hoffnung auf Veränderung. Jim Wallis sagt dazu: „Aus biblischer Sicht ist Hoffnung nicht nur ein Gefühl, eine Stimmung oder rhetorischer Schnörkel. Hoffnung ist vielmehr die eigentliche Dynamik der Geschichte. Hoffnung ist die Energie der Transformation. Hoffnung ist die Tür, die von einer Wirklichkeit in die andere führt.“ (Wallis: 1994: 311) Damit die Jugendlichen etwas von dieser Dynamik erahnen, bietet sich ein Blick in die Geschichte an, z.B. auf die friedliche Revolution in der DDR. Eine sehr eindrucksvolle Beschreibung gibt Christian Führer, der damalige Pfarrer der Nikolaikirche in Leipzig in seinem Buch: „Und wir sind dabei gewesen." Undenkbares wurde möglich, weil Menschen auf Gottes Macht inmitten ihrer Ohnmacht gehofft haben. Es waren die Montagsgebete in den Kirchen, von denen die gewaltlose Kraft des Widerstands ausging. Wenn wir in den Psalmen lesen, finden wir dort auch die verwandelnde Kraft des Gebets, die aus der Resignation angesichts von Unterdrückung zur Hoffnung auf Gottes Eingreifen führt. Diese verwandelnde Kraft des Gebets können auch wir angesichts eigener Ohnmachtsgefühle und Resignation über weltweite Ungerechtigkeit und Armut erfahren.

Auch Begeisterung kann mehr sein als ein vorübergehendes Gefühl, wenn wir mit dem Geist Gottes rechnen. Von dem heißt es: „Denn Gott hat uns seinen Heiligen Geist gegeben. Und das ist kein Geist der Furcht, sondern ein Geist, der uns mit Kraft, Liebe und Selbstüberwindung erfüllt." (2.Tim.1,7)

Die Jugendlichen brauchen einen hoffnungsvollen Blick in die Zukunft. Sie können diese Zukunft mit gestalten und durch ihre Initiative beeinflussen. Mit Hoffnung und Begeisterung sind sie gerüstet für eine engagierte und geduldig-langfristige Mitarbeit an einer solidarischen Welt.

4.5. Zur Freiheit berufen

Jim Wallis schreibt von einer Begegnung mit einer Ureinwohnerin Australiens: „Wenn ihr zu mir kommt, um mir zu helfen, verschwendet ihr eure Zeit. Aber wenn ihr gekommen seid, weil eure Befreiung und meine zusammenhängen, dann lasst uns gemeinsam ans Werk gehen." (Wallis: 1994: 213) Die Befreiung der Armen hängt zusammen mit der Befreiung der Reichen! Zachäus hat erlebt, was es bedeutet, von Jesus befreit zu werden. Sein Herz hing an seinem Reichtum und war verstrickt in Korruption. Jesus befreite ihn aus dieser Gefangenschaft. Seine Bekehrung ging so tief, dass er sein Geld loslassen konnte. Die Hälfte seines Geldes verschenkte er an die Armen und wen er betrogen hatte, dem erstattete er es vierfach! Jesus sagte dazu: „Heute ist diesem Haus Heil widerfahren." (Lukas 19,9) Was hat uns das im Blick auf unsere Rolle in der Weltgesellschaft zu sagen? Wir sind Gefangene in unserer westlichen Konsumgesellschaft. Die Jugendlichen sollen auf eine Reise nach innen mitgenommen werden, auf der sie die Botschaften der Konsumgesellschaft und die eigene Verstrickung darin reflektieren können. Es geht darum, dieses „Gefängnis in dem wir eingeschlafen sind" (Sölle 1999: 241) bewusst zu machen und zum Widerstand zu ermutigen. Eine andere Interpretation der Konsumgesellschaft kommt aus der Soziologie: Cox setzt die Werbung der Massenmedien in Verbindung mit dem Warenkult: „Es ist hilfreich, das Kaufhaus als Tempel zu betrachten, in dem die Priester unserer Konsumreligion ihre Götzen aufgerichtet haben" (Cox 1993: 95). Darin stimmt er mit vielen aktuellen Beschreibungen von Soziologen überein, die den modernen Kapitalismus als Religion beschreiben (vgl. Baecker 2003). Das ist allerdings nichts Neues, denn Jesus sagte schon vor 2000 Jahren: „Ihr könnt nicht Gott dienen und dem Mammon." (Lukas 16, 13) Wie wir mit unserem Geld umgehen, zeigt also, wem wir dienen. Ist es Gottesdienst oder Götzendienst? Hier gibt es keine Trennung zwischen einer geistlichen Ebene und dem alltäglichen Kleinkram. Jesus will uns auch in diesem Bereich unseres Lebens befreien und befähigen, mit unserem Geld für uns zu sorgen und gleichzeitig das Wohl unseres Nächsten zu fördern.

Der Überflusskonsum der Industrienationen ist die Kehrseite von weltweiter Armut und Umweltzerstörung. Angefangen von Schokolade als allgegenwärtige süße Verführung, über die neueste Mode und schließlich die immer aktuellsten Versionen der digitalen Medien sind die Jugendlichen von lauter Versprechungen eines gesteigerten Lebensgefühls umgeben. Dazu kommt die ständige Jagd nach dem nächsten Schnäppchen. Aber macht dieses Diktat der Werbung und das ständige Gefühl, Geld zu sparen, wirklich glücklich und zufrieden? Bleiben wir nicht leer zurück und sind selber Opfer der Konsumreligion?

All die glänzenden Werbebotschaften verbergen die Kehrseiten unserer Wohlstandgesellschaft. Wenn Jugendliche beim Globalen Lernen die Menschen sehen, die hinter den Produkten stehen, die sie konsumieren, erkennen sie die Zusammenhänge zwischen unserem Reichtum und der Armut im Globalen Süden. Wenn in ihnen eine Verbindung wächst zu den fernen Mitmenschen, können Jugendliche mit einem solidarischen und schöpfungsfreundlichen Einkauf etwas zu mehr Gerechtigkeit beitragen. Sie können die Werbebotschaften kritisch reflektieren und selbst entscheiden, was sie für ein gelingendes Leben brauchen. Aus einer befreiten Haltung heraus können sie Einfachheit und Verzicht um der fernen Mitmenschen willen üben. Auch für sie selbst wird die Einfachheit im Lebensstil heilsam sein und eine schöpferische Lebensgestaltung ermöglichen.

Ein idealer Lernort zum Thema kritischer Konsum sind die Weltläden. Manche Weltläden bieten Bildungsangebote, die WeltladenmitarbeiterInnen durchführen. Es gibt zu den verschiedenen Produkten ein breites Filmangebot, z.B. auf der Seite: www.globaleslernen.de. Das ist das Portal Globales Lernen der Eine Welt Internetkonferenz (EWIK), das zentrale deutschsprachige Internetangebot zum Globalen Lernen und zur Bildung für nachhaltige Entwicklung (BNE). Bei Fairtrade-Deutschland findet man kurze Filme über Kooperativen des Fairen Handels. Auch bei Brot für die Welt und Misereor findet man viele ansprechende Bildungsmaterialien.

Eine andere Gefangenschaft erleben die Jugendlichen unter dem Druck der Leistungsgesellschaft. In vielen Schulen wird unter Zeitdruck gelernt. Die Gesellschaft vermittelt ihnen den Eindruck, nur wer sich ständig beeile noch mehr Leistung zu bringen, könne anerkannt werden. Gleichzeitig ist aber die Leistungsgesellschaft eine historische Ursache von weltweiter Armut und Umweltzerstörung. Die Wuppertaler Studie zu einem zukunftsfähigen Deutschland hatte die Entschleunigung der Gesellschaft für Deutschland an erste Stelle gesetzt (vgl. BUND 1996). Auch Reheis sieht in einem anderen Umgang mit der Zeit den Schlüssel zu einer nachhaltigen Entwicklung (vgl. Reheis 2005: 310). Wenn Jugendliche innerlich frei werden von den Zwängen der Leistungsgesellschaft können sie den Wert der Langsamkeit entdecken. Sie werden dann unter anderem beziehungsfähiger und können das Leben intensiver genießen. Statt Fast Food genießen sie Slow Food. Dazu schreibt Rob Bell: „Was macht Jesus fast genauso ausführlich wie predigen und heilen? Er sitzt lange beim Essen. Als Christen ist es unsere Pflicht, die Kunst des gemütlichen Speisens zu beherrschen. ... Welches Ritual führten die ersten Christen am häufigsten durch? Richtig. Die gemeinsame Mahlzeit, die man auch als Eucharistie oder Abendmahl bezeichnet. Und woraus bestand diese Mahlzeit? Aus stundenlangem Erzählen und Beisammensein. ... Zeit, die man am Tisch mit anderen verbracht hat, ist Zeit, die man mit Gott verbracht hat.“

Wie wäre es mit einer Feier der Langsamkeit mit Jugendlichen? Rob Bell beschreibt eine Party, zu der er eingeladen hatte: „Und was war der Anlass für diese Party? Ich hoffte, dass Sie das fragen würden. Es gab keinen. Das ist der beste Grund, den man haben kann. Entspannen. Langsam machen. Nicht für alles einen Sinn und Zweck haben. Langsamer essen, mehr genießen. Leute fragen, wie es ihnen geht – und es auch ernst meinen. Mehr spazieren gehen.“ (Bell 2006: 165)

Jugendliche stehen vor der Frage, wie sie ihr Leben gestalten wollen. Wollen sie den Forderungen der Leistungsgesellschaft folgen? Oder suchen sie nach einem Leben in der Nachfolge Jesu? Und wie sieht das übersetzt in die heutigen Herausforderungen aus? Welche Rolle darf die Arbeit und der Geld-Gewinn spielen? In welchem Verhältnis stehen Arbeit, Ruhe und Fest? Generationen vor ihnen haben unter Wohlstand die Verfügung über möglichst viel Geld verstanden. Könnte ein neues Verständnis von Wohlstand bedeuten, möglichst frei über Zeit für ein selbstbestimmtes Leben zu verfügen? (vgl. Reheis 2005: 313).

4.6. Bekehrung im globalen Dorf

Am Anfang steht die Einladung zur liebenden Aufmerksamkeit für die fernen Mitmenschen, für die Schöpfung und für sich selbst. Dann folgt der Ruf in die Freiheit von den Zwängen unserer westlichen Industriestaaten. Nun heißt es Bekehrung – ist sie denn nicht eigentlich schon geschehen, wenn diese Schritte gegangen sind? Zur Bekehrung gehört immer auch das Erkennen der Schuld und die Zusage der Vergebung. Anstatt in überheblicher Haltung mit dem moralischen Zeigefinger zu drohen, geht es hier darum, die aufkommenden Schuldgefühle zu reflektieren und einzuordnen. Es geht um Moral, aber nicht als Verurteilung, sondern als Wegweiser.

Moralisch zu sein, ist heutzutage ein negativ besetzter Begriff. Was aber ist eigentlich „Moral“? Im Fremdwörterlexikon steht: „Sittenlehre, Ethik, sittliches Verhalten“. Im globalen Lernen geht es um gutes ethisches Verhalten, das Auswirkung hat auf die fernen Mitmenschen und die ganze Schöpfung. Das Besondere ist, dass das ethische Verhalten nicht direkt von Mensch zu Mensch geschieht, sondern sich über weltweite Strukturen auswirkt. Wer Produkte kauft, die mit ausbeuterischer Kinderarbeit hergestellt wurden, profitiert von ungerechten Welthandelsstrukturen, ohne selbst daran ursächlich schuld zu sein. Aber durch den Einkauf macht sich jeder mitschuldig an den sündhaften Strukturen. In der Theologie wurde dafür der Begriff: „strukturelle Sünde“ geprägt. Wie können JugendreferentInnen diese Beteiligung an struktureller Sünde vermitteln? Hier sind zunächst die Voraussetzungen zu beachten: Die Jugendlichen sind gerade erst dabei, die globalen Zusammenhänge zu begreifen und ihre eigene Rolle im globalen Dorf zu entdecken. Sie sind in diese Rolle genauso unschuldig hineingeboren, wie z.B. ein Jugendlicher im Sudan in die Armut hinein geboren ist. Die JugendreferentInnen begleiten den Prozess des Erkennens der eigenen Rolle im globalen Dorf. Mit der Einführung des Begriffes von der strukturellen Sünde geschieht zweierlei: Einerseits eine Distanzierung, denn die Jugendlichen sind nicht die Verursacher, sondern nur ein Glied in der Kette der sündhaften Strukturen. Anderseits führt diese Erkenntnis zur Mitverantwortung für diesen eigenen Anteil an den sündhaften Strukturen. Der Blick auf die Kolonialisierungen Europas und den mit ihnen verbundenen und bis heute wirksamen Macht- und Herrschaftsstrukturen, führt zu einer historisch hergeleiteten ´Verantwortung´ für die über die Jahrhunderte entstandenen sozialen Ungleichheiten.

Wie am Anfang schon gesagt, hat die Bekehrung mit dem Ruf zur Liebe und Freiheit schon begonnen. Das sind die wirksamen Motivationen, seinen Lebensstil zu ändern. Die Erkenntnis der eigenen Mitschuld kann zum gemeinsamen oder einzelnen Schuldbekenntnis führen und so wird der Einzelne in der Zusage der Vergebung entlastet. Das ist der letzte Umkehrpunkt der Bekehrung und hier ist die Neuausrichtung des Herzens und Geistes in ganzer Tiefe geschehen. Diese persönliche Transformation durch die innere Reise führt weiter zur äußeren Reise und damit zur Transformation der Gemeinschaft und der Gesellschaft.

4.7. Gesellschaftstransformation

Transformation ist ein Schlüsselbegriff der weltweiten, evangelikalen Bewegung, mit dem seit den 1980er Jahren das Verständnis von Mission neu gefüllt wurde. Die Lausanner Bewegung hat im Schlussdokument der Wheaton Konferenz (1983) den Begriff Transformation so definiert: „Entsprechend dem biblischen Verständnis des Lebens bedeutet Transformation die Veränderung von einer menschlichen Existenzweise, die dem göttlichen Willen widerspricht, zu einer solchen, in der Menschen die Fülle des Lebens erfahren, in Harmonie mit Gott.(Joh 10,10; Kol 3, 8-15; Eph 4,13)“ (Samuel&Sugden 1987, Abschnitt 2/11, Übersetzung B. Jakob) „Transformation wird beschrieben als ein dynamischer Veränderungsprozess, der zur Verwirklichung des Reiches Gottes führt. Die Veränderung bezieht sich auf einzelne und die Gemeinschaft und auf alle Bereiche des Lebens einschließlich der sozialen, politischen und spirituellen Dimension. (Jakob 2015: 111) Diese Transformation wirkt also bis hinein in die Gesellschaft und verändert sie im Sinne Jesu. Eine solche Gesellschaftstransformation hat es schon bei den ersten Christen gegeben. Die ersten Christen lebten einen eindeutig erkennbaren Lebensstil, zu dem die Fürsorge für die Armen in und außerhalb der Gemeinde gehörte. Später haben evangelikale Bewegungen in England und Amerika den Kampf für die Abschaffung der Sklaverei, für soziale Gerechtigkeit und für die Rechte der Frau angeführt. Der Baptist Martin Luther King hat die Bürgerrechtsbewegung in den USA angeführt. Allerdings ist festzustellen, dass viele Evangelikale in den westlichen Staaten seit dem 20. Jahrhundert eher dafür bekannt sind, sich dem herrschenden System anzupassen und ihren Wohlstand sogar als Zeichen göttlichen Segens zu betrachten. (vgl. Wallis 1983: 76 ff.) Mit den radikalen Evangelikalen in den 1970er Jahren begann eine Rückbesinnung auf biblische Werte und eine kritische Reflexion der eigenen Verstrickung in die ungerechte Reichtumsverteilung auf der Welt. Allerdings ist diese kritische Reflexion in Deutschland noch nicht sehr verbreitet und eine Gemeindepraxis, die sich für die Armen einsetzt noch sehr selten. „Hier können wir besonders von den `Kirchen des Südens´ lernen, wo ein öffentliches Einmischen in gesellschaftliche und polititsche Fragen selbstverständlich und notwendig ist, Gemeinden sehen sich im Namen Gottes als Anwälte der Armen und Unterdrückten, hier besteht für viele deutsche Gemeinden noch Lernbedarf (Faix 2015: 126).

Welche Rolle können nun Jugendliche heutzutage bei einer Gesellschaftstransformation einnehmen? In den 1970er Jahren haben die christlichen Jugendverbände mit der Gründung der Weltläden ein unübersehbares Signal für mehr Gerechtigkeit gegenüber den Mitmenschen in Afrika, Lateinamerika und Asien gesetzt. Das kann zum Ansporn werden, dass Jugendliche sich auch heute engagieren und Projekte starten, mit denen sie sich für eine Transformation der Gesellschaft einsetzen. Es gibt vielfache Initiativen von entwicklungspolitischen Organisationen, denen sich Jugendliche anschließen können, und darüber hinaus sind der Phantasie und der Kreativität der Jugendlichen keine Grenzen gesetzt.

5. Die Schritte eines Projektes zum Globalen Lernen

Wie kann man nun das Ziel und die Inhalte des Globalen Lernens in der Praxis umsetzen? Grundsätzlich ist festzustellen, dass es vielfältige Zugänge zum Globalen Lernen gibt, die sich nicht in einem Schema vereinheitlichen lassen. Verschiedene didaktische Zugänge können dazu eingesetzt werden, z.B. interkulturelle Begegnungen, Stationen lernen oder Planspiele. Die Methoden sollten ganzheitlich sein und alle Sinne ansprechen. Eine Station auf der Reise nach außen können z.B. die Weltläden sein. Deren MitarbeiterInnen erklären den Jugendlichen anhand des Fairen Handels, wie sich unsere fernen Mitmenschen aus Armut befreien können, wenn sie PartnerInnen des Fairen Handels werden. Die Jugendlichen lernen so eine reale Möglichkeit kennen, wie jede/r KonsumenIn der weltweiten Ungerechtigkeit eigenes Handeln entgegensetzen kann. Darüber hinaus sind die Weltläden Orte, an denen sich Jugendliche mit einzelnen Aktionen oder langfristiger, ehrenamtlicher Mitarbeit selbst engagieren können.

Im Folgenden werden exemplarische Schritte eines Projektes zum Globalen Lernen vorgeschlagen, die entsprechend der verschiedenen Zugänge variiert werden können:

Der erste Schritt ist die Vorbereitung, in der die JugendreferenInnen den Dialog über das Thema eröffnen und die Einstellungen der Jugendlichen dazu kennen lernen. Deren subjektive Sicht bildet den Ausgangspunkt für den Lernprozess. Damit wird die Reise nach innen gefördert und die eigene Ausgangsposition beleuchtet. Die Bewusstwerdung des eigenen Standpunktes kann in einer stillen Bedenkzeit vertieft werden.

Der zweite Schritt ist das Sehen[17] . Im Zentrum dieses Sehens steht die Begegnung mit dem fernen Mitmenschen. Es geht darum, die Herzen der Jugendlichen zu berühren und ihre innere Reise zu fördern. Dazu können Geschichten, Bilder, Filme oder persönliche Begegnungen mit Menschen des Globalen Südens dienen. So erleben die Jugendlichen einen Perspektivenwechsel und können sich in die Lage der fernen Mitmenschen hinein versetzen. Danach ist es sehr wichtig, mit den Jugendlichen in den Dialog über Emotionen und Gefühle zu kommen, die durch die Bilder und Geschichten in ihnen ausgelöst werden. Das können sehr unterschiedliche Gefühle sein, wie z.B. Zorn, Mitleid, Betroffenheit oder Resignation. Indem die Jugendlichen darüber reden, werden sie offen für eine Veränderung ihres Standpunktes. Die JugendreferentInnen sollten diesem Prozess reichlich Zeit einräumen und ihre ganze Aufmerksamkeit darauf lenken. Hier geht es um die Tiefen des Herzens, aus denen die Motivation zum Handeln erwachsen kann.

Dazu gehört die Frage, was denn die Bibel zu Armut und Gerechtigkeit sagt. Die Jugendlichen können entdecken, dass die Bibel in unsere heutige Situation hinein spricht und erkennen Gottes Leidenschaft für die Armen. Sie reflektieren auch, ob in ihrer Gemeinde das Thema Armut aufgenommen oder ausgeblendet wird.

Danach kommen die Fragen nach den Zusammenhängen von Armut und Reichtum in der globalisierten Welt. Dazu ist das Denken in komplexen Systemen nötig. Das Zusammenwirken von Umwelt- und Entwicklungsproblemen kann zum Beispiel an der Klimaveränderung

[17] Nach Paulo Freire und seiner befreienden Pädagogik sollen die PädagogInnen eine Reflexion über die bestehenden, unterdrückerischen Verhältnisse anregen und zur Aktion anleiten, die die Welt verändert. Der Dreischritt: sehen, urteilen und handeln strukturiert den Lernprozess (vgl. Mädche 1995: 81). Paulo Freire war ein weltweit bedeutender christlicher Pädagoge des 20. Jahrhunderts aus Brasilien.

aufgezeigt werden, die hauptsächlich von den Industriestaaten verursacht wird und in vielen Ländern Afrikas zu Flucht und Verarmung führt. Das Sehen soll sich nicht nur auf die Gegenwart beziehen, sondern auch die historische Rolle der Kolonialisation und des Rassismus einbeziehen. Außerdem müssen deren bis heute wirksamen ungerechten Strukturen und der Neoliberalismus als die Ursache heutiger Interdependenzen in der Weltgesellschaft analysiert werden. Die JugendreferentInnen moderieren diese Erkenntnisprozesse und die Jugendlichen können sich selbst Informationen zu Globalisierung und Entwicklung beschaffen.

Der dritte Schritt ist das Besinnen. Die Jugendlichen stehen nun vor der Frage, was sie mit ihren Erfahrungen und dem erlernten Wissen tun. Werden sie nun ihr Leben danach neu ausrichten? Hier stößt man an die Grenzen der Pädagogik. Schon für das Lernen allgemein gilt, dass Erziehung nicht direkt auf das Bewusstsein eines Menschen zugreifen kann. Die uns zur Verfügung stehenden pädagogischen Instrumente können das innere Leben anderer nicht von außen verändern, die menschliche, innere Organisation ist autark. Hartmeyer rät angesichts dieser Unmöglichkeit, von außen etwas bewirken zu können, den Menschen einzuladen, inne zu halten. Damit räumt man ihm die Chance ein, umzudenken (vgl. Hartmeyer 2006: 49). Dafür bietet sich eine Zeit der Stille und des Gebetes an, mit der Möglichkeit etwas aufzuschreiben.

Der vierte Schritt führt zum Handeln. Die Jugendlichen entwickeln eine Vorstellung, wie die Zukunft aussehen müsste, damit Gerechtigkeit und Nachhaltigkeit verwirklicht werden können. Sie erkennen, dass die nötigen Veränderungen zwei Ebenen des Handelns betreffen. Die erste Ebene ist der persönliche Lebensstil, der solidarisch und verantwortlich gestaltet wird. Die zweite Ebene ist das gesellschaftliche System, in dem Strukturveränderungen angestoßen werden, die von Solidarität und Verantwortung getragen sind. Dann entscheiden die Jugendlichen selbst, welche Veränderungen sie auf privater, gemeindlicher, gesellschaftliche und politischer Ebene bewirken wollen (vgl. Appelt 2007: 77). Davon abgeleitet können dann gemeinsam konkrete Handlungen geplant werden, die die Jugendlichen innerhalb der Kirche, in ihrer Schule oder in der Politik verwirklichen wollen.

Am Ende eines Projektes zum Globalen Lernen ist eine Feedbackrunde wichtig. Dabei kann es eine Form des gestalteten Innehaltens geben, damit sich die Jugendlichen klar werden können, welche Veränderungen das Globale Lernen in ihnen angestoßen hat.

Diese Schritte haben einen exemplarischen Charakter, denn das Globale Lernen wird nicht an einem Tag hinreichend behandelt werden können. Es ist besser, das Globale Lernen über einen längeren Zeitraum in die Jugendarbeit zu integrieren, als nur ein einmaliges großes Projekt anzubieten.

An den Schluss dieses Konzeptes stelle ich ein Bild zum Globalen Lernen: „Ich möchte niemals Lehrer sein, sondern immer Anzündler. Mein Ziel ist es, so lange zu zündeln, bis der andere von selbst „brennt“ (Seßler 2004: 86). Schon Augustinus hat es ähnlich formuliert: „Was du in anderen entzünden willst, das muss in dir brennen.“ In diesem Sinne wünsche ich allen LeserInnen ein brennendes Herz und hoffnungsfrohes Anzünden vieler Jugendlicher!

6. Internetadressen mit Projektideen zum Globalen Lernen

Micha-Initiative: http://www.micha-initiative.de/

Brot für die Welt: http://www.brot-fuer-die-welt.de/jugend-schule.html

MISEREOR hat eine Seite extra für Schüler/innen: www.1welt4you.de

http://www.evangelische-jugend.de/umwelt-und-entwicklung

http://www.bdkj.de/bdkjde/themen/eu-projekt-i-shop-fair.html

Das Portal Globales Lernen: www.eine-welt-netz.de

www.forum-fairer-handel.de/mitmachen/aktiv/in-der-schule

Literaturverzeichnis

ADWH: „Weltladen-Handbuch“ Hrsg. ADWH – Arbeitsgemeinschaft Dritte Welt Läden e.V. Peter Hammer Verlag Wuppertal 1989

Albuschkat, Christoph: „Generation Weltladen – 30 Jahre Weltladenbewegung in Deutschland“ Hrsg.: Weltladen-Dachverband Mainz 2005

Alt, Franz: „Liebe ist möglich Die Bergpredigt im Atomzeitalter“ R. Piper GmbH & Co. KG, München 1985

Anand, Anita/ Escobar, Arturo/ Sen, Jai und Waterman, Peter (Hrsg.): „Eine andere Welt - Das Weltsozialforum“ Karl Dietz Verlag Berlin GmbH 2004

Appelt, Dieter/ Siege, Hannes: „Orientierungsrahmen für den Lernbereich Globale Entwicklung im Rahmen einer Bildung für nachhaltige Entwicklung“ Hrsg.: Bundesministerium für wirtschaftliche Zusammenarbeit und Entwicklung und Kultusministerkonferenz Bonn/Berlin 2007

ARD: „Fairer Handel als praktische Entwicklungshilfe voll im Trend“ http://www.br-online.de/mittagsmagazin/1509fairerhandel.shtml 22.10.2008

attac (Hsg.): „Die geheimen Spielregeln des Welthandels. WTO-Gats-Trips-MAI.“ Promedia, Wien 2003

Attac Österreich 2004: „Privatisierung und Liberalisierung“ www.attac.at/themen.html 15. Juli 2008

Attac Österreich 2006: „Entschuldung für Entwicklung“ www.attac.at/themen.html 5. Juli 2008

Attac Österreich 2008: „Attac-Hintergrund - Wie alles anfing...“ 7. Juli 2008

Baecker, Dirk: „Kapitalismus als Religion“ Kulturverlag Kadmos Berlin 2003

Baier, Klaus A.: „Sich einleben in den größeren Haushalt der bewohnten Erde Studien zur Literatur des ökumenischen Lernens und seiner Didaktik“ Didaktisches Zentrum Arbeitsstelle Religion in Erfahrungs- und Lernprozessen der Carl von Ossietzky Universität Oldenburg 2004

Balsen, Werner/Rössel, Karl: „Hoch die internationale Solidarität – Zur Geschichte der Dritte-Welt-Bewegung in der Bundesrepublik“ Kölner–Volksblatt Verlag Köln 1986

Becker, U.: Ökumenisches Lernen. Überlegungen zur Geschichte des Begriffs, seiner Vorstellung und seiner Rezeption in der westdeutschen Religions-Pädagogik bis Vancouver 1983; in: Großmann, 1987

Bell, Rob: „Jesus unplugged“ Brunnen Verlag Gießen 2006

Bergener, H.: „Die Erschließung Afrikas als europäische Aufgabe“ in: Die Schulwarte 1/1951 S.17-20

Berg, Christian: „Brot für die Welt“ in: „Gemeinde Gottes in dieser Welt“ Berlin 1961

Bernhauser, J./Stockheim. K.H. Misereor (Hg.): „Kinder erleben die Dritte Welt, Materialien für Kindergarten und Grundschule“ Aachen 3. Auflage 1984

Bildung für nachhaltige Entwicklung/UN-Dekade: http://www.portal.de/coremedia/generator/unesco/de/05__UN__Dekade__Deutschland/Die_20UN-Dekade_20in_20Deutschland.html 18.06.2008

BMZ/KMK (Hrsg.): Orientierungsrahmen für den Lernbereich Globale Entwicklung, 4. überarb. Aufl. 2010, S.82

bne-portal: http://www.bne-portal.de/fileadmin/unesco/de/Downloads/Dekade_Publikationen_international/2015_Roadmap_deutsch.pdf 2.April 2015

Böhm, Uwe: „Ökumenische Didaktik“ Vandenhoeck & Ruprecht Göttingen 2001

Bühler, Hans: „Perspektivenwechsel – unterwegs zu globalem Lernen“ IKO – Verlag für Interkulturelle Kommunikation Frankfurt am Main 1996

Butterwegge, Christoph/ Lösch, Bettina/Ptak, Ralf: „Kritik des Neoliberalismus“ VS Verlag für Sozialwissenschaften 2007

Chiapas Schweiz: „Warum gerade Chiapas? Aufstand gegen den Neoliberalismus“ http://www.chiapas.ch/about1.php 7. Juli 2008

Cox, Harvey: „Konsumreligion und Bilderwelt“ in: Kortzfleisch, Siegfried von; Cornehl, Peter; [Ed.]: „Medienkult – Medienkultur“ Aus der Reihe Hamburger Beiträge zur Öffentlichen Wissenschaft, 1993

Dauber, Heinrich/ Simpendörfer, Werner: „Eigener Haushalt und bewohnter Erdkeis“ Peter Hammer Verlag Wuppertal 1981

Datta, Asit: „Theorie und Praxis der Entwicklungspädagogik. Lernprozesse und Krisen“ in: Lang-Wojtasik/ Claudia Lohrenscheit (Hg.) 25 Jahre ZEP Entwicklungspädagogik – Globales Lernen – Internationale Bildungsforschung“ IKO – Verlag für Interkulturelle Kommunikation Frankfurt 2003

Döring, Hans-Joachim: „Bibliographie zur entwicklungspolitischen Bildungs-, Bewusstseins- und Öffentlichkeitsarbeit der Kirchen und staatlicher Stellen in der ehemaligen DDR Hg.: Evangelischer Entwicklungsdienst

e. V. EED und INKOTA-netzwerk e.v. Berlin 2004 /auch im Internet: http://www.inkota.de/index.htm?

Duchrow, Ulrich/ Hinkelammert, Franz Josef: „Leben ist mehr als Kapital Alternativen zur globalen Diktatur des Eigentums“ Publik Forum Verlagsgesellschaft mbH 2002

Eicher, Peter/ Mette, Norbert: „Auf der Seite der Unterdrückten“ 1. Auflage Patmos Verlag Düsseldorf 1989

Erlassjahr: www.erlassjahr.de 5.Juli 2008

Evangelischer Entwicklungsdienst: eed: http://www.eed.de/de/de.eed/de.eed.eed/index.html 17. Juni 2008

Fairtrade: http://www.fairtrade-deutschland.de/produkte/absatz-fairtrade-produkte/ 5. Juni 2015

Faix, Tobias: „Transformation und Entwicklung: Interdisziplinäre, internationale und theologische Grundlagen“ in: Thomas Kröck & Gisela Schneider (Hg.) „Partnerschaft. Gerechtigkeit. Transformation“ Francke 2015

Fischer, Karin/ Hanak, Irmtraut/ Parnreiter, Christof (Hrsg.:): „Internationale Entwicklung Eine Einführung in Probleme, Mechanismen und Theorien“ Brandes & Apsel/Südwind 2002

Forghani, Neda: „Was ist Globales Lernen? ... und was ist es nicht?“ in: „Materialien, & Medien zum Globalen Lernen“ Entwicklungspolitische Bildungs- und Schulstelle Weltbilder-Medienstelle BAOBAB Wien 2004

Forum-Fairer-Handel: http://www.forum-fairer-handel.de/fairer-handel/zahlen-fakten/ 1. April 2015

Foster, Richard: „Das Geschenk der Einfachheit“ R.Brockhaus Verlag Wuppertal Bundes-Verlag Witten 1985

Fountain, Susan: „Leben in einer Welt – Anregungen zum globalen Lernen“ Westermann 1996/2000

Führing, Gisela: „Globales Lernen. Arbeitsblätter für die entwicklungspolitische Bildungsarbeit. Hrsg.: Deutscher Entwicklungsdienst, Berlin 1998

Hahn, Friedemann 2006: Von Unsinn bis Untergang: Rezeption des Club of Rome und der Grenzen des Wachstums in der Bundesrepublik der frühen 1970er Jahre http://www.freidok.uni-freiburg.de/volltexte/2722/ 4.Juli 2008

Hallitzky, Maria/ Mohrs, Thomas (Hrsg.): „Grundlagen der Schulpädagogik Band 52: Globales Lernen“ Schneider Verlag Hohengehren Baltmannsweiler 2005

Hartmeier, Roland: „Radikale Evangelikale zur Theologie der Transformation“ in : Faix Tobias/ Reimer, Johannes/ Brecht, Volker (Hrsg.): „Die Welt verändern Grundfragen einer Theologie der Transformation“ francke2009

Hartmeyer, Helmuth: „Erziehung ist Anregung zum Lernen“ in: „Kann durch Erziehung die Gesellschaft verändert werden?“ ZEP: Zeitschrift für internationale Bildungsforschung und Entwicklungspädagogik“ 29. Jahrgang Heft ½ , IKO 2006

Hayek, Friedrich August: „Recht, Gesetzgebung und Freiheit“, Bd. 3 S.201 in: Butterwegge, Christoph/ Lösch, Bettina/Ptak, Ralf: „Kritik des Neoliberalismus“ VS Verlag für Sozialwissenschaften 2007

Heinert, Klaus (Hrsg.) : „Einstellungs- und Verhaltensänderung“ UTB Verlag München 1979

Jäger, Heike vom World University Service email am 18. Juni 2008 Füllkrug-Weitzel, Cornelia: „Weltweite Diakonie“ in: Ruddat, Günter/ Schäfer, Gerhard Hrsg.: „Diakonisches Kompendium“ Göttingen 2005

Großmann, K. (Hg.): „Glaube im Dialog. 30 Jahre religionspädagogische Reform. H. B. Kaufmann zum 60. Geburtstag“ Gütersloh 1987

Grunwald, Armin/ Kopfmüller, Jürgen: „Nachhaltigkeit“ Campus Einführungen Campus Verlag Frankfurt/New York 2006

INKOTA Netzwerk: „Zwischen Rostock und Dresden Zweidrittelwelt-Gruppen“ Hrsg.: INKOTA Netzwerk Berlin, Informationszentrum Dritte Welt Freiburg, Stiftung Umverteilen! Berlin, Giessen 1990

INKOTA Netzwerk: „50 Jahre Aktionsgemeinschaft für die Hungernden“ Berlin, 2007

INKOTA-Brief: „Der Faire Handel heute“ Berlin September 2008

Jakob, Beate: „Transformation: Gottes Wirken in seiner Schöpfung.“ In: Thomas Kröck & Gisela Schneider (Hg.): „Partnerschaft. Gerechtigkeit. Transformation. Christliche Perspektiven der Entwicklungszusammenarbeit“ Verlag der Francke-Buchhandlung GmbH 2015

James, J. P. „Globalisierung Die vielen Alternativen des Weltsozialforums“ in: Anand, Anita/ Escobar, Arturo/ Sen, Jai und Waterman, Peter (Hrsg.): „Eine andere Welt - Das Weltsozialforum“ Karl Dietz Verlag Berlin GmbH 2004

Kakaoverein: http://www.kakaoverein.de/daten-und-fakten/verarbeitung/

5. Juni 2015

Klafki, W. :“Neue Studien zur Bildungstheorie und Didaktik, zeitgemäße Allgemeinbildung und kritisch-konstruktive Didaktik“ Weinheim 1991

Kultusministerkonferenz: http://www.kultusministerkonferenz.de/aufg-org/home.htm?gesch 19.06.2008

Kapstadt-Verpflichtung 2010 : http://www.lausanne.org/de/kapstadt-verpflichtung/die die kapstadt-verpflichtung#p1-7

8. Juni 2015

Kursbuch 57: Der Mythos des Internationalismus, Berlin 1979

Kutsch, Irmgard: „Natur-Werkstatt für Kinder“ Natur und Umweltschutz-Akademie der Landes NRW 1997

Lange, Ernst: „Die ökumenische Utopie oder Was bewegt die ökumenische Bewegung? Am Beispiel Löwen 1971: Menscheneinheit – Kircheneinheit, Stuttgart 1972)

Lewis, C.S. „Was man Liebe nennt“ Brunnen Basel 1960

Mädche, Flavia: „Kann Lernen wirklich Freude machen? Der Dialog in der Erziehungskonzeption von Paulo Freire“ AG Spak Bücher 1995

Massing, Armin/ Schudy, Alexander/ Schwarzer, Anke/ van Baaijen, Andreas/Trappe, Dorothea: „Von Trommlern und Helfern – Beiträge zu einer nicht-rassistischen entwicklungspolitischen Bildungs- und

Projektarbeit“ Berlin 2007

Menzel, Ulrich: „Das Ende der Dritten Welt und das Scheitern der großen Theorie“ Frankfurt am Main 1992

Meßmer, Nicole 23.01.2008 „Der Erfolg der Bewegung ist ihre Herausforderung“ in: Der Tagespiegel http://www.tagesspiegel.de/politik/international/Davos-Globalisierung-Heiligendamm-Weltwirtschaftsforum-Weltsozialforum;art123,2462004

Michalitsch, Gabriele: „Was ist Neoliberalismus?“ http://www.attac.at/index.php?id=3559 7.7.2008

Müller, Gertrud: „Was war und wie geht es weiter“ in: INKOTA Netzwerk: „Zwischen Rostock und Dresden Zweidrittelwelt-Gruppen“ Hrsg.: INKOTA Netzwerk Berlin, Informationszentrum Dritte Welt Freiburg, Stiftung Umverteilen! Berlin, Giessen 1990

Neuman, Antje, Neumann, Burkhard: „Waldfühlungen“ Ökotopia Verlag Münster 1999

Nuscheler, Franz: „Entwicklungspolitik“ 6. Auflage Verlag J. H. W. Dietz Nachf. GmbH 2005

Ökumenischer Rat der Kirchen: „Der Agape-Aufruf der Vollversammlung des ÖRK in Porte Allegre: Alternative Globalisierung im Dienst von Menschen und Erde - AGAPE“ http://www.oikoumene.org/de/dokumentation/documents/oerk-vollversammlung/porto-alegre-2006/3-vorbereitungs-und-hintergrunddokumente/alternative-globalisierung-im-dienst-von-menschen-und-erde-agape.html 9.Juni 2008

ÖRK: http://www.oikoumene.org/de/resources/documents/central-committee/geneva-2014/an-invitation-to-the-pilgrimage-of-justice-and-peace 1.April 2015

Olejniczak, Claudia: „Die Dritte-Welt-Bewegung in Deutschland: konzeptionelle und organisatorische Strukturmerkmale einer neuen sozialen Bewegung“ Dt. Univ.- Verlag Wiesbaden 1998

Overwien, Bernd (Hrsg.): Lernen und Handeln im globalen Kontext“ IKO-Verlag Frankfurt 2000

Reheis, Fritz: „Nachhaltigkeit, Bildung und Zeit“ Schneider Verlag Hohengehren GmbH 2008

Rogers, C. R.:1951 „Client-Centerec Therapy. Houghton Mifflin Boston. dtsch. Die klientenbezogene Gesprächstherapie. Kindler, München 1973

Rohr, Richard: „Von der Freiheit loszulassen – LETTING GO“ Claudius Verlag München 1990

Samuel, Vinay & Sugden, Christopher 1987. Transformation: The Church in Response zu Human Need, in Samuel, Vinay & Sudgen, Christopher (Hg.): The Church in Response to Human Need. Grand Rapids, USA and Oxford, UK: Eerdmans Publ. Co. And Regnum Books, xi

URL: http://www.lausanne.org/en/documents/all/Consultation-statements/423-transformation-the-church-in-response-to-human-need.html (Stand 20.9.2014)

Scheunpflug/Schröck: „Einführung in eine pädagogische Konzeption zur entwicklungsbezogenen Bildung“ Stuttgart 2000

Scheunpflug, Annette/Seitz,Klaus: „Die Geschichte der entwicklungspolitischen Bildung Band 1: Entwicklungspolitische Unterrichtsmaterialien, Literatur zur Theorie und Didaktik der entwicklungspolitischen Bildung“ IKO-Verlag für Interkulturelle Kommunikation 1995a Frankfurt/M.

Scheunpflug, Annette/ Seitz, Klaus: „Die Geschichte der entwicklungspolitischen Bildung Band 2: Schule und Lehrerbildung“ IKO-Verlag für Interkulturelle Kommunikation 1995b Frankfurt/M.

Scheunpflug, Annette/Seitz, Klaus: „Die Geschichte der entwicklungspolitischen Bildung Band 3: Erwachsenenbildung und Jugendarbeit“ IKO-Verlag für Interkulturelle Kommunikation 1995c Frankfurt/M.

Schilder, Klaus/ Deckwirth, Christina/ Fuchs, Peter: „Freie Fahrt für freien Handel?“ Hrsg. Evangelischer Entwicklungsdienst – EED und Weltwirtschaft, Ökologie & Entwicklung – WEED, Bonn und Berlin 2005

Schmied, Ernst: „Wandel durch Handel. Die Aktion Dritte-Welt-Handel ein entwicklungspolitisches Lernmodell“ Hg.: Arbeitsgemeinschaft der Evangelischen Jugend in der BRD (AEJ) Stuttgart 1978

Schweizer Forum Schule für Eine Welt: „Lernziele für eine Welt“ Jona 1995

Seitz, Klaus: „Bildung in der Weltgesellschaft“ Brandes & Apsel Frankfurt a. M. 2002

Seitz, Klaus: „Verlorenes Jahrzehnt oder pädagogischer Aufbruch? Zur Verankerung des Globalen Lernens 10 Jahre nach dem Kölner Bildungskongress“ 2000 in: Lang-Wojtasik/ Claudia Lohrenscheit (Hg.) 25 Jahre ZEP Entwicklungspädagogik – Globales Lernen – Internationale Bildungsforschung“ IKO – Verlag für Interkulturelle Kommunikation Frankfurt 2003

Seitz, Klaus: „Klimawandel in den Köpfen – Zur Rolle des globalen Lernen in der „Bildung für Nachhaltige Entwicklung“ in: „Jahrbuch Globales Lernen 2007/2008“ Venro Hrsg., Bonn 2007

Seitz, Klaus: Globales Lernen - Herausforderungen für schulische und außerschulische Bildungsarbeit (Rede auf dem Bonner Kongress "Bildung 21 - Lernen für eine nachhaltige und gerechte Gesellschaft" am 29. September 2000): http://www.globales-lernen.de/konzept/KSeitz1.htm 14. Juni 2008

Selby, David/Rathenow, Hans-Fred: „Globales Lernen Praxishandbuch für die Sekundarstufe 1 und 2“ Cornelsen Scriptor 2003

Seßler, Helmut: in „Manager Seminare“ Heft 74 März 2004: „nachgehakt“ S.86

Siebert, Horst: „Selbstgesteuertes Lernen und Lernberatung“ Luchterhand Verlag GmbH Neuwied, Kriftel 2001

SODI „Solidaritätsdienst – international e.V." in: INKOTA Netzwerk: „Zwischen Rostock und Dresden Zweidrittelwelt-Gruppen" Hrsg.: INKOTA Netzwerk Berlin, Informationszentrum Dritte Welt Freiburg, Stiftung Umverteilen! Berlin, Giessen 1990

Sölle, Dorothee: „Mystik und Widerstand" Hoffmann und Campe Hamburg 1999

Stöhr, Martin: „Entwicklungsbezogene Bildung und Akademiearbeit vor der Aufgabe der Parteilichkeit" in: Kähler, Bernd / Seiz, Paul G. (Hg.): „Entwicklungsbezogene Bildung und Publizistik. Erste Erfahrungen in einem neuen kirchlichen Arbeitsfeld" Frankfurt/M. 1978

Tachau, Peter „Engagiert und distanziert" in: Claus Eurich-Imme de Haen (Hrsg.): „Hören und sehen" Stuttgart Steinkopf Frankfurt am Main Gemeinschaftswerk der Evangelischen Publizistik 1991

tierra unida: „Schuhputzaktion und Puppenspiel" in: INKOTA Netzwerk: „Zwischen Rostock und Dresden Zweidrittelwelt-Gruppen" Hrsg.: INKOTA Netzwerk Berlin, Informationszentrum Dritte Welt Freiburg, Stiftung Umverteilen! Berlin, Giessen 1990

Treml, Alfred K.: „Pädagogikhandbuch Dritte Welt" Jugenddienst Verlag Wuppertal 1982

Treml, K. Alfred: „Die pädagogische Konstruktion der „Dritten Welt" IKO-Verlag für Interkulturelle Kommunikation 1996 Frankfurt/M.

Trisch, Oliver: „Globales Lernen – Chancen und Grenzen ausgewählter Konzepte" http://docserver.bis.uni-oldenburg.de/publikationen/bisverlag/2005/triglo05/triglo05.html 3. Mai 2008

VENRO Hrsg.: „Jahrbuch Globales Lernen 2007/2008" VENRO Bonn 2007 van Baaijen, Andreas: „Schöne neue Welt“ in: Massing, Armin/ Schudy, Alexander/ Schwarzer, Anke/ van Baaijen, Andreas/ Trappe, Dorothea: „Von Trommlern und Helfern – Beiträge zu einer nicht-rassistischen entwicklungspolitischen Bildungs- und Projektarbeit“ Berlin 2007

Walden, Bello: „De-Globalisierung Widerstand gegen die neue Weltordnung“ VSA-Verlag Hamburg 2005

Waldmüller, Bernhard: „Gemeinsam entscheiden“ echter, 2008

Wallis, Jim: „Bekehrung zum Leben Nachfolge im Atomzeitalter“ Brendow, Moers 1984

Wallis, Jim: „Die Seele der Politik“ Claudius Verlag 1995

Warns, Eberhard u.a. (Hg.): „Evangelische Schülerarbeit in 100 Jahren. 1883-1983“ Wuppertal 1983

Weltsozialforum: www.weltsozialforum.org 8.7.2008 www.weltsozialforum.de 1.April 2015

Wieczorek-Zeul: „Welt bewegen Erfahrungen und Begegnungen“ vorwärts buch GmbH Berlin 2007

Wilmsen, Christian: „Die entwicklungspolitische Bildung verstärken“ in: Overwien, Bernd (Hrsg.): Lernen und Handeln im globalen Kontext“ IKO-Verlag Frankfurt 2000

Wuppertaler Institut für Klima, Umwelt und Energie: „Zukunftsfähiges Deutschland“ BUND, Misereor 1996

Printed by Books on Demand GmbH, Norderstedt / Germany